POST CARD

おそれいりますが
52円切手を
お貼りください

104-8357

東京都中央区京橋3-5-7
㈱主婦と生活社
　　　　料理編集
「煮もの」係行

ご住所

〒

お電話　　　　　（　　　　　）

フリガナ

お名前　　　　　　　　　　　　　男・女　年齢　　　歳

ご職業　1.主婦　2.会社員　3.自営業　4.学生　5.その他（　　　　）

未婚・既婚（　　）年　　　家族構成（年齢）

＊このアンケートは編集作業の参考にさせていただくもので、他の目的では使用致しません。

「煮もの」をご購入いただき、
ありがとうございました。
今後の企画の参考にさせていただくため、アンケートにご協力ください。

※お答えいただいた先着1000名の中から抽選で20名様に、小社刊行の料理本
をプレゼントいたします。（刊行物の指定はできませんので、ご了承ください）
当選者の発表は、賞品の発送をもってかえさせていただきます。

★ ★

Q1 この本を購入された理由は何ですか？

Q2 この本の中で「作りたい」と思った料理を3つお書きください。

（　　　　　　）ページの（　　　　　　　　　　　　　　　　）
（　　　　　　）ページの（　　　　　　　　　　　　　　　　）
（　　　　　　）ページの（　　　　　　　　　　　　　　　　）

Q3 この本の表紙・内容・ページ数・価格のバランスはいかが
ですか？

Q4 あなたが好きな料理研究家と、その理由を教えてください。

Q5 この本についてのご意見、ご感想をお聞かせください。

Q6 この本を購入された書店名をお教えください。

（　　　　　　　　　　書店　　　　　　　店）

＊ご協力ありがとうございました＊

斉藤辰夫

煮もの

主婦と生活社

004 ― はじめに
006 ― [コラム] 煮もの上手になる
　　　 "だし汁"のとり方

目 次

一章
肉の煮もの

010 ― 肉じゃが
011 ― 揚げ肉じゃがバター風味
012 ― 和風ビーフシチュー
014 ― 牛肉と焼き豆腐のすき煮
015 ― 牛肉のしぐれ煮
016 ― 豚肉の甘酢煮
017 ― 肉巻きねぎの照り煮
018 ― 煮豚
020 ― スペアリブのマーマレード煮
021 ― 鶏つくねのみたらし風
022 ― 鶏だんごと白菜の煮もの
023 ― ちっちゃい煮込みハンバーグ
024 ― 和風ロールキャベツ
025 ― ゆで鶏
026 ― 鶏肉と厚揚げの治部煮
027 ― 鶏肉と里いものほっくり煮
028 ― 骨つき鶏もも肉のポトフ風
030 ― 手羽先の香り煮
031 ― レバーの赤ワイン煮
032 ― ベーコンとなすの柳川風
033 ― ソーセージとポテトのケチャップ煮

毎日の副菜にお役立ち | 1
サッと作れる野菜の煮もの

035 ― いんげんのたっぷりごま煮
036 ― 小松菜の煮びたし
037 ― 白菜と油揚げの中華うま煮
038 ― ほうれんそうとじゃこのとろっと煮
039 ― 焼き長ねぎのクリーム煮
040 ― パリパリピーマンののり梅煮
041 ― たっぷりニラの卵とじ
042 ― 里いもの煮ころがし
042 ― 里いものカレー煮
044 ― かぼちゃの揚げ煮
044 ― かぼちゃの含め煮

この本の決まりごと

● 料理名の横に記している下記の
マークは、「料理のジャンル」と「冷
蔵庫で3～5日保存できる料理」を
指しています。

和風　　洋風　　中華風

エスニック　　保存

● 1カップは200ml、大さじ1は15
ml、小さじ1は5mlです。

●「水溶き片栗粉……大さじ1」と
は、片栗粉大さじ1を水大さじ1で
溶いたものを全量使うことをいいま
す。「水溶き片栗粉……大さじ2」の
場合は、片栗粉大さじ2、水大さじ
2となります。

● オリーブオイルは、エキストラバ
ージンオイルを使っています。

● 材料は4人分を中心に、作りやす
い分量で表記しています。たとえば
4人分の材料を2人分にするときは、
材料・調味料をすべて半量にして作
ってください。

046 — 大根とツナのサッと煮
046 — 大根とほたてのやわらか煮
048 — なすのひすい煮
049 — なすの田舎煮
050 — ごろっと野菜のラタトゥイユ
051 — れんこんのかつお煮
052 — かぶの白煮
053 — ごぼうのまったり煮
054 — 玉ねぎのマスタードスープ煮
055 — チーズじゃがいも
056 — たけのことわかめの煮もの
056 — たけのこ粉がつお煮
058 — 筑前煮
060 — [コラム] 味つけが簡単な"煮ものだし"

二 章
卵・豆腐製品・豆の煮もの

064 — 八角煮卵
065 — 油揚げの包み煮
066 — 厚揚げと干しえびのうま煮
067 — がんもどきの含め煮
068 — 焼き豆腐とうなぎの二種煮
069 — いり豆腐のカレー風味
070 — マーボー豆腐
071 — うの花煮
072 — 白花豆の甘煮
073 — キドニービーンズのトマト煮
074 — 大豆の三目煮
075 — 大豆と豚肉のキムチ煮

三 章
乾物・加工品の煮もの

078 — ひじきのうま煮
078 — ひじきのピリ辛煮
080 — 切り干し大根の炒め煮
081 — 結び昆布の甘辛煮
082 — 揚げ高野豆腐のミルク煮
082 — 高野豆腐の卵とじ
084 — 干ししいたけのつや煮
085 — 干しえびと白菜のスープ煮
086 — 干し貝柱と卵のふわっと煮

087 — 春雨のチャプチェ風
088 — こんにゃくの唐辛子煮
089 — しらたきとさけの豆乳煮
090 — ちくわ煮
091 — さつま揚げのとろろ昆布煮
092 — [コラム] おいしい味つけに使う"調味料"

毎日の副菜にお役立ち|2
作り置きできる野菜の煮もの

095 — さつまいものレモン煮
096 — ごぼうのきんぴら
097 — れんこんのきんぴら
098 — プチトマトのシロップ煮
099 — いろいろきのこのコンソメ煮
100 — にんじんのバター煮
101 — にんじんの梅煮
102 — 煮なます
103 — キャベツのさっぱりポン酢煮

四 章
魚の煮もの

106 — いわしの梅煮
107 — 豆あじの酢じょうゆ煮
108 — さばのおろし煮
109 — 揚げかじきのケチャップ煮
110 — 金目だいの煮つけ
111 — かれいの豆板醤煮
112 — さんまの揚げ煮
113 — ねぎま煮
114 — さけのみそチーズ煮
115 — ぶりの粕煮
116 — ぶり大根
118 — いか大根のワタ煮
119 — いかのトマト煮
120 — ごろっといかの八宝煮
122 — えびとなすの辛子みそ煮
123 — えびと冬瓜の煮もの
124 — えびのチリソース煮
125 — あさりとレタスの蒸し煮
126 — ほたての練りごま煮
127 — かきのコショウ煮

はじめに

　煮ものは、まさに「おふくろの味」。だしの香り、甘辛い味、じっくり味がしみたおいしそうな表情…。心が癒される、どこか懐かしく優しい味わいがあります。毎日食べても飽きない、白いごはんが欲しくなる煮もの。ほかほか湯気の向こうに家族の笑顔がこぼれる、幸せを運ぶ料理だと心から思っています。

　毎日の献立のひとつとして欠かせない煮ものは、脇役と思われがちですが、本当は主菜です。ですから、味をしっかりつけてボリューム感を持たせ、材料が主張するようにドーンと盛ると存在感も見栄えもとてもよくなります。

　煮ものによっては、さめるときに味が材料の中へしみ込むので、煮上がったら一度さまし、いただくときに温めると味がよりしっかりつくんですよ。保存するときは、煮えたらすぐに容器などにあけて広げ、なるべく早くさますと余分な水分がとんで、日持ちがよくなります。

　日本料理が専門といっても、実は洋食も中華も作るのが大好き。和風のみならず、日常から生まれた煮ものをご紹介します。どこかひと味違う！　そんな斉藤流味つけの極意を楽しんでいただけると幸いです。

　この本でおせわになった"魚屋さん、お肉屋さん、八百屋さん、その他の方々"に心からお礼を申し上げます。

斉藤辰夫

煮ものの上手になる "だし汁" のとり方

おいしく煮ものを仕上げるには、素材や調味料の味をじゃましない、何にでも合うだし汁作りが大切になります。ここでは、いつも使っている昆布や削り節で、どんな煮ものにも合う万能のだし汁のとり方をご紹介します。残っただし汁は冷蔵庫に入れて2～3日で使いきるか、冷凍保存してください。

[材料] 作りやすい分量

水……2ℓ　昆布……10g　削り節……15g

[作り方]

1. 鍋に水、汚れをふきとった昆布を入れて、中火にかける。10分程度で沸騰する火加減がいい。

2. 沸騰したらアクをとり、20秒程度弱火で煮出して、昆布のうまみをすべて引き出す。

3. 昆布を引き上げて、すぐに水¼カップ（分量外）を加え、一度温度を下げる。

4. 削り節を加え、20秒程度弱火で沸騰させてうまみを出す。80～100度になる間にもうまみが出る。

5. 出てきたアクをとって火を止め、2～3分そのまま置く。コクのある、すっきりした味のだしになる。

6. 5をキッチンペーパーなどでゆっくりとこす。残った削り節は軽く絞り、うまみを残さないようにする。

一章
肉の煮もの

メインのおかずになくてはならない、
ボリュームも満足感もいっぱいのお肉。
コトコト煮込んだ肉のうまみが、
一緒に煮た材料にしみじみしみて、
ごちそうおかずのできあがり！
薄切り肉からかたまり肉まで、
おいしさがぎっしり。

煮豚
▶P018

肉じゃが 和風

[材料] 4人分

牛切り落とし肉……300g
じゃがいも（男爵）……4個
絹さや……12枚
煮汁
　水……2カップ
　酒……¼カップ
　砂糖……大さじ4
　しょうゆ……大さじ2と½
サラダ油……大さじ1

[作り方]

1. じゃがいもは皮をむいて4～5等分に切り、水にさらして水けをふく。絹さやは筋をとって塩ゆでする。
2. 鍋にサラダ油を熱してじゃがいもを炒め、油がまわったら牛肉を加えて炒める。肉の色が変わったら煮汁の水、酒、砂糖を加えて煮立たせ、アクをとって4～5分煮る。
3. しょうゆを加えてさらに5分煮、器に盛って絹さやをあしらう。

煮もの
column

おふくろの味の代表選手は、やっぱり肉じゃが。くずれる感じにとろりと煮上げたじゃがいもと、甘めの煮汁を含んだ牛肉とのハーモニーが、ごはんによく合います。豚肉で作ってもおいしいですよ。

揚げ肉じゃがバター風味 和風

[材料] 4人分

牛切り落とし肉……300g
じゃがいも（メークイン）
　……4個
玉ねぎ……½個
バター……50g
コショウ……少々
煮汁
　┌ 水……2カップ
　│ 酒……¼カップ
　│ 砂糖……大さじ4
　└ しょうゆ……大さじ2と½
揚げ油……適量
サラダ油……大さじ1

[作り方]

1. じゃがいもは皮をむいて4〜5等分に切り、水にさらして水けをふく。これを165度の油でじっくり中まで揚げる。玉ねぎは1cm幅のくし形に切る。
2. 鍋にサラダ油を熱して牛肉を炒め、1、煮汁の水、酒、砂糖を加えて、4〜5分煮る。
3. しょうゆを加えてさらに5分煮、仕上げにバターを加えて汁けが少なくなるまで煮る。器に盛って好みでバターをのせ、コショウをふる。

煮もの column

いつもの肉じゃがに飽きたらこれがおすすめです。バターをプラスするだけで、コクも香りも深まって、洋風感覚の味わいに。子供や若い人たちも飛びつくボリュームがうれしいですね。

和風ビーフシチュー　和風

[材料] 4人分

牛もも肉(かたまり)
　……300g
砂糖……大さじ1
大根……½本
れんこん……200g
にんじん……½本
水溶き片栗粉……大さじ2
しょうが汁……大さじ1
セルフィーユ……適量
煮汁
　┌ だし汁……3カップ
　│ 酒……½カップ
　│ 砂糖……大さじ1
　│ みりん……大さじ3
　└ しょうゆ……大さじ3
サラダ油……大さじ1

[作り方]

1. 牛肉は一口大に切って砂糖をまぶし、よくもみ込み5分置く。大根、れんこん、にんじんは、大きめの乱切りにする。
2. 鍋にサラダ油を熱して、牛肉を香ばしく焼きつけ、一度取り出す。この鍋で1の野菜を炒め、煮汁のだし汁と酒、牛肉を加えて落としぶたをする。煮立ってきたらアクをとる。
3. 2に砂糖、みりんを加えて落としぶたをし、弱めの中火で10分煮る。さらにしょうゆを加え、落としぶたをして15分煮る。
4. 水溶き片栗粉でとろみをつけ、しょうが汁を加える。器に盛ってセルフィーユを飾り、好みで練りがらしを添えても。

肉にやわらかさを出すため、砂糖をまぶすのがコツ。手でしっかりもみ込む。

根菜類は乱切りにすると味の含みがよく、煮減りするので大きめに切ることが大切。

煮もの column

牛肉に砂糖をまぶすことで、すごくやわらかくなるんです。肉と野菜から出た素材のうまみとだし汁が見事にマッチした、上品な和風の味わい。根菜類は大きめに切るのがポイント。存在感が出ます。

牛肉と焼き豆腐のすき煮 和風

[材料] 4人分

牛薄切り肉……200g
焼き豆腐……1丁
さやいんげん……12本
しょうが……1かけ
煮汁
　だし汁……2カップ
　酒……¼カップ
　砂糖……大さじ3
　みりん……大さじ1
　しょうゆ……大さじ4

[作り方]

1. 牛肉は食べやすい大きさに切り、焼き豆腐は一口大に切る。さやいんげんは筋をとり、塩ゆでして半分に切る。しょうがはすりおろす。
2. 鍋に煮汁を合わせて火にかけ、煮立ってきたら焼き豆腐を加えて2〜3分煮る。
3. 牛肉も加えて2〜3分煮、味がなじんだら器に盛って、さやいんげんとしょうがを添える。

煮もの column

牛肉と焼き豆腐の相性のよさを生かしたすき煮は、多めの煮汁でサラッと煮上げることが身上。汁ごとごはんにかけて食べると…、うまみが広がって肉が苦手な人でもサラサラッと食べられます。

牛肉のしぐれ煮 和風 保存

[材料] 4〜5人分

牛切り落とし肉……500g
砂糖……大さじ3
青のり……適量
煮汁
　酒……大さじ2
　みりん……大さじ1
　しょうゆ
　　……大さじ3と½
サラダ油……大さじ2

[作り方]

1. 鍋にサラダ油を熱して牛肉を炒め、焼き色がついたら砂糖を加えて炒める。
2. 1に煮汁を加えて全体にからませながら、汁けがなくなるまで煮る。
3. 容器にあけてそのまま置き、完全にさめたら保存容器に入れて青のりをふる。

煮もの column

お値打ちの牛肉が手に入ったら、まとめて作り置きをしておくと重宝します。甘辛く煮た佃煮風なので、冷蔵庫で4〜5日は保存が可能。丼やうどんの具に、お弁当に…と、応用がきくレシピです。

豚肉の甘酢煮 中華風

[材料] 4人分

豚ロース厚切り肉……3枚
しょうゆ・酒……各大さじ1
パイナップル……1缶(6枚)
卵……1/2個分
片栗粉……1/2カップ
水溶き片栗粉……大さじ1
香菜……適量
煮汁
　水……1/4カップ
　パイナップルの缶汁
　　……1/4カップ
　砂糖……大さじ6
　しょうゆ・酢……各大さじ4
　豆板醤……小さじ1
揚げ油……適量

[作り方]

1. 豚肉は2cm幅に切り、しょうゆと酒をまぶす。パイナップルは食べやすい大きさに切る。
2. ボウルに卵、片栗粉を入れてよく混ぜ、豚肉につけて165度の油でこんがりと揚げる。
3. 鍋に煮汁を合わせて煮立たせ、水溶き片栗粉でとろみをつける。ここにパイナップルと2を加え、からめながら照りよく煮る。器に盛って香菜を飾る。

煮もの column

オーソドックスな甘酢煮ですが、酸味と甘さのバランスが絶妙な、食のすすむ一皿です。厚切り肉のほかに、薄切りのもも肉やバラ肉を丸めて使ってもよし、鶏骨つき肉で作ってもよし！

肉巻きねぎの照り煮 和風

[材料] 4人分

豚ロース薄切り肉
　……400g
長ねぎ……2本
片栗粉……適量
煮汁
　┌ 酒……¼カップ
　│ 水……¼カップ
　│ 砂糖……大さじ1
　│ みりん……大さじ1
　└ しょうゆ……大さじ2
サラダ油……小さじ2

[作り方]

1. 豚肉を2枚ずつ少し重ねて並べ、10cm長さに切った長ねぎを手前にのせて、くるりとしっかり巻いて片栗粉をまぶす。
2. 鍋にサラダ油を熱して1を並べて焼き、こんがりしたら煮汁を加えて、汁をからめながら煮る。食べやすい大きさに切って器に盛る。

煮もの
column

肉の表面を香ばしく焼きつけるのがおいしさのヒケツ。片栗粉をまぶしているので、煮汁を加えたときに汁がとろっとして、味がよくからまるんです。これはちょっと脂身のある肉がおすすめ。

煮豚 中華風 保存

[材料] 4〜5人分

豚もも肉(かたまり)
　……400〜450g
長ねぎ……½本
しょうが……1かけ
赤唐辛子……1本
にんにく……1片
八角……1個
ローリエ……1枚
トマト……適量
クレソン……適量
煮汁
┌ 水……5カップ
│ 酒……½カップ
│ 砂糖……大さじ4
└ しょうゆ……¼カップ
サラダ油……大さじ1

[作り方]

1. 豚肉は棒状になるように丸めてたこ糸で巻く。長ねぎはぶつ切りにし、しょうがは薄切りに、赤唐辛子は種をとる。
2. 深鍋にサラダ油を熱して、豚肉の表面をこんがりと焼きつける。煮汁を加えて長ねぎ、しょうが、赤唐辛子、にんにく、八角、ローリエを加え、煮立ったらアクをとって落としぶたをし、弱火で1時間煮る。
3. 肉を取り出して煮汁をこし、鍋に戻し入れる。弱めの中火にかけて煮汁をとろっとするまで煮詰め、肉を戻し入れて汁をかけながら照りよくからめる。
4. 肉を7〜8mm厚さに切って皿に盛る。煮汁をかけて乱切りにしたトマトを添え、クレソンを飾る。

煮汁を肉全体にかけながら煮上げると、テリッとしたおいしそうな仕上がりになる。香りもいっそう引き立つ。

煮もの column

八角の風味が口いっぱいに広がる、こっくりとした中華風の一品です。肉を煮汁ごと保存容器に入れて冷蔵庫で保存すれば、4〜5日おいしくいただけます。パンにはさんでお弁当にもOK。

スペアリブのマーマレード煮 洋風

[材料] 4〜5人分

豚スペアリブ……800g
レモン汁……1個分
キャベツ……2枚
塩・コショウ……各少々
しょうが……1かけ
粒マスタード……適量
煮汁
　マーマレード
　　……1瓶(165g)
　水・酒……同じ瓶で各1杯
　しょうゆ……同じ瓶で½杯
サラダ油……大さじ1

[作り方]

1. スペアリブにレモン汁をかけて2〜3分置き、サラダ油を熱したフライパンで、こんがりと焼きつける。
2. キャベツはせん切りにしてサッとゆで、ざるに上げて塩とコショウをふって混ぜる。
3. 鍋に1、煮汁、しょうがの薄切りを入れて煮立たせ、アクをとりながら弱火で1時間煮る。汁がとろっとしてきたら皿に盛り、2と粒マスタードを添えて、煮汁をかける。

煮もの
column

肉が骨からはがれてきたら、おいしく煮えた証拠。ほろっとくずれるやわらかい肉を存分に堪能してください。マーマレードの甘さとこってり味のバランスが最高です。

鶏つくねのみたらし風 和風

[材料] 4人分

鶏ひき肉……250g
はんぺん……1枚(120g)
調味料
　マヨネーズ……大さじ1
　みりん……大さじ1
　塩……小さじ¼
　片栗粉……小さじ1と½
水……3カップ
昆布(3cm角)……1枚
煮汁
　だし汁……½カップ
　酒・砂糖・しょうゆ
　　……各大さじ2
水溶き片栗粉……大さじ1
粉山椒……少々

[作り方]

1. ボウルにひき肉、細かくちぎったはんぺんを入れて混ぜ、調味料を加えてよく混ぜる。
2. 鍋に水、昆布を入れて火にかけ、軽く沸いてきたら1を小さなスプーンで適量すくって丸めながら入れる。浮いてきたらお玉で転がしながら3〜4分ゆでて、ざるに上げる。
3. 鍋に煮汁を合わせて煮立たせ、水溶き片栗粉でとろみをつける。ここに2を加えて、からめるようにサッと煮、器に盛って粉山椒をふる。

煮もの column

和菓子のみたらしだんごの甘辛いあんを、鶏だんごにからめてみました。このふわっとやわらかい歯ごたえは、はんぺんをひき肉に加えることで生まれるテクニック。お弁当のアクセントにも！

鶏だんごと白菜の煮もの　和風

[材料] 4人分

鶏ひき肉……300g
白菜……2枚
片栗粉……大さじ3
みりん……大さじ1
しょうゆ……大さじ1
コショウ……少々
ゆずの皮……適量
煮汁
　だし汁……2カップ
　薄口しょうゆ……大さじ3
　砂糖……小さじ2
　みりん……大さじ2

[作り方]

1. 白菜は芯の部分は5cm長さの細切りにし、葉の部分はざく切りにする。これをサッとゆでてざるに上げる。
2. ボウルにひき肉、片栗粉、みりん、しょうゆ、コショウを合わせて、よく混ぜる。
3. 鍋に煮汁を合わせて火にかけ、煮立ってきたら2をスプーンで適量すくい、丸めながら入れる。火が通ったら白菜を加えてさらに2〜3分煮、器に盛ってゆずの皮のせん切りをのせる。

煮もの column

鶏ひき肉と白菜の白いコンビを、だし汁であっさりと仕上げました。淡泊だからこそ引き立つだしのうまみが、冷えた体にじ〜んわりしみ渡ります。熱いうちに召し上がれ。

ちっちゃい煮込みハンバーグ 和風

[材料] 4〜5人分

合びき肉……600g
ブロッコリー……⅓株
塩・コショウ……各少々
卵……2個
玉ねぎのみじん切り
　……½個分
パン粉……30g
水溶き片栗粉……大さじ1
煮汁
　┌ だし汁……1と½カップ
　│ 酒・みりん……各大さじ3
　│ 砂糖……大さじ1
　└ しょうゆ……大さじ2
バター……40g

[作り方]

1. ブロッコリーは小房に分け、塩ゆでしてざるに上げる。
2. ボウルにひき肉、塩、コショウを入れて混ぜ、溶き卵を加えながら混ぜる。玉ねぎ、パン粉も加えてよく混ぜ、小さいハンバーグ形に作る。
3. フライパンにバターを入れて火にかけ、2の両面を香ばしく焼いて煮汁を加える。10分煮込んでから水溶き片栗粉でとろみをつけ、器に盛って1をあしらう。

煮もの
column

合びき肉を使って、牛肉と豚肉の両方のうまみを生かすのがコツ。しょうゆベースのだし汁で煮たさっぱり感は、大人の味わいです。いつものケチャップやソース味に変化をつけたいときにぜひ。

023

和風ロールキャベツ 〈和風〉

[材料] 4人分

鶏ひき肉……200g
キャベツ……8枚
わけぎ……1本
卵……1個
片栗粉……大さじ1
塩・コショウ……各少々
粒マスタード……適量
煮汁
 ┌ だし汁……2カップ
 │ みりん……大さじ3
 └ 薄口しょうゆ……大さじ2

[作り方]

1. キャベツはサッとゆで、ざるに上げてさます。わけぎは小口切りに。
2. ボウルにひき肉、わけぎ、溶き卵、片栗粉、塩、コショウを入れ、よく混ぜる。
3. 小さめのキャベツ4枚に2を等分にして置き、大きめのキャベツにのせてくるりと包み、ようじでとめる。
4. 鍋に煮汁を合わせて3を並べ、落としぶたをして煮立たせる。弱火にして15分煮たら、ようじを抜いて器に盛り、煮汁を注いで粒マスタードを添える。

煮もの column

わけぎの香りを大事にするために、あっさりした鶏ひき肉を使って、だし味で煮てみました。意外にも酸味のある粒マスタードが合うので、たっぷりつけて召し上がれ。

ゆで鶏 洋風

[材料] 4人分

鶏胸肉……2枚
きゅうり……1本
しょうが……1かけ
長ねぎ……½本
練りわさび……適量
ポン酢じょうゆ……適量
煮汁
　[水……1と½カップ
　　酒……½カップ
　　コンソメスープの素
　　　……2個
　　しょうゆ……大さじ1
　　塩……小さじ½]

[作り方]

1. 鶏肉はフォークなどで全体をつついておく。きゅうりはピーラーで薄く長く切り、しょうがは薄切りに、長ねぎは3cm長さに切る。
2. 鍋に煮汁を合わせて煮立たせ、しょうが、長ねぎ、鶏肉を加えて、アクをとりながら弱火で40分煮る。そのまま汁の中でさます。
3. 肉を食べやすく切って皿に盛り、長ねぎ、きゅうり、練りわさびを添える。ポン酢じょうゆでいただく。

煮もの column

しっとりとしてやわらかい胸肉に、びっくりすることでしょう。コンソメスープで煮ることで肉にほんのり下味がつき、ゆっくりさましてふっくら仕上げました。鶏もも肉でもいいですよ。

鶏肉と厚揚げの治部煮　和風

[材料] 4人分

鶏もも肉……1枚
厚揚げ……1枚
小麦粉……適量
練りわさび……適量
煮汁
　┌ だし汁……2カップ
　│ 酒……¼カップ
　│ 砂糖……大さじ2
　│ みりん……大さじ2
　└ しょうゆ……¼カップ

[作り方]

1. 鶏肉は一口大に切り、厚揚げは6等分に切る。
2. 鍋に煮汁を合わせて煮立たせ、鶏肉に小麦粉をまぶして加える。弱火で3～4分煮たら厚揚げを加え、さらに弱火で2～3分煮る。
3. 器に盛って、練りわさびを添える。

煮もの column

金沢の郷土料理が治部煮。鶏肉に小麦粉をつけて煮るので、ツルッとした食感がおいしいものです。とろみのついた料理なので、芯から体が温まりますよ。

鶏肉と里いものほっくり煮 和風

[材料] 4人分

鶏胸肉……1枚
里いも……小8個
グリーンアスパラ……4本
小麦粉……適量
煮汁
　┌ だし汁……1カップ
　│ 酒……¼カップ
　│ 砂糖……大さじ1と½
　│ みりん……小さじ2
　└ しょうゆ……大さじ3
揚げ油……適量

[作り方]

1. 鶏肉は一口大に切る。里いもは皮をむいて水にさらし、水けをふく。グリーンアスパラは根元の皮をむき、3cm長さに切って塩ゆでする。
2. 鍋に揚げ油を165度に熱し、小麦粉をまぶした鶏肉、里いもの順に香ばしく揚げる。
3. 別の鍋に煮汁を合わせて煮立たせ、2を加えて煮汁をからめながら煮上げる。器に盛って、グリーンアスパラを添える。

煮もの column

揚げてから煮る料理は、煮汁を少し濃いめにすると味にメリハリがつきます。また、揚げているので味がしみ込みやすく、煮る時間が短くて簡単です。

骨つき鶏もも肉のポトフ風　洋風

[材料] 4〜5人分

鶏もも肉（骨つきぶつ切り）
　……2本分
キャベツ……½個
玉ねぎ……1個
じゃがいも（メークイン）
　……4個
にんじん……½本
干ししいたけ……4枚
にんにく……1片
塩・コショウ……各少々
煮汁
　｜水……5カップ
　｜コンソメスープの素
　｜　……3個
　｜白ワイン……½カップ
　｜みりん……¼カップ
　｜薄口しょうゆ……大さじ2

[作り方]

1. 鶏肉は熱湯にサッとくぐらせ、水にとってさまし、水けをふく。
2. キャベツと玉ねぎは6つくらいのくし形に切り、バラけないように竹串かようじを刺しておく。じゃがいもは皮をむいて4等分に切り、水にさらして水けをきる。にんじんは5cm長さのくし形に切る。
3. 干ししいたけは水につけてもどし、軸をとって2〜4つに切る。
4. 鍋に1〜3、にんにく、煮汁を入れて強火にかけ、煮立ってきたらアクをとって、弱火で30〜40分煮る。最後に塩、コショウで調味する。好みで粒マスタードやポン酢じょうゆでいただく。

煮上がったら一度バットに移してさますと、味がよくしみ込む。前日に作って冷蔵庫に入れておけば、時間がないときでもすぐ一品に。おもてなしにもとっても重宝。

煮もの
column

もどした干ししいたけを加えて、うまみとコクをつけた斉藤流のポトフです。まるで洋風おでんのように見えますが、和洋折衷のこのおいしさは食べてのお楽しみ。

手羽先の香り煮 中華風

[材料] 4人分

鶏手羽先……12本
にんにく……2片
長ねぎ……1本
しょうが……1かけ
八角……1個
煮汁
　水……1と½カップ
　酒……¼カップ
　砂糖……大さじ1
　しょうゆ……大さじ3
サラダ油……大さじ1

[作り方]

1. 手羽先は骨の間に1本切り込みを入れて、味の含みをよくする。
2. にんにくは半分に切り、長ねぎはぶつ切り、しょうがは薄切りにする。
3. 鍋にサラダ油を熱して2を炒め、いい香りがしてきたら手羽先を加えて色よく焼く。ここに煮汁、八角を加え、煮立ってきたらアクをとりながら、弱火で20分煮る。

煮もの column

鶏肉は骨からもうまみが出る手羽先を使うと、おいしさが数倍アップ。にんにくやねぎと一緒にこんがり焼くことが最大のポイントです。実はこの香ばしさが"だし"として一役買うことになります。

レバーの赤ワイン煮

[材料] 4～5人分

鶏レバー……400g
しょうが……1かけ
煮汁
　[水……1/2カップ
　　赤ワイン……1/2カップ
　　砂糖……大さじ3
　　しょうゆ……大さじ4]

[作り方]

1. レバーは一口大に切り、薄い塩水に4～5分つけて血抜きをし、水けをふく。しょうがはせん切りにする。
2. 鍋に煮汁、しょうがを入れて煮立たせ、レバーを加えて弱火で15分煮る。さらに、煮汁がとろりとなるまで煮詰めて、照りよく煮上げる。容器にあけてさます。

煮もの
column

これはお酒がすすみそうな、おしゃれなおつまみです。ワインの酸味が味のアクセントになって、レバー臭さもありません。保存容器に入れて冷蔵庫で保存すれば、4～5日楽しめますよ。

ベーコンとなすの柳川風　和風

[材料] 4～5人分

ベーコン……150g
なす……5個
みつば……1束
卵……4個
粉山椒……少々
煮汁
　┌ だし汁……2カップ
　│ みりん……大さじ3
　│ 砂糖……大さじ2
　└ 薄口しょうゆ……大さじ4

[作り方]

1. ベーコンは2cm幅に切り、みつばは3cm長さに切る。
2. なすはヘタをとって皮をむき、縦6～8つに切って水にさらす。これをゆでて、ざるに上げる。
3. 鍋に煮汁を合わせて煮立たせ、ベーコン、なすを加えて2～3分煮る。溶き卵をまわし入れ、半熟状になったらみつばを加えて火を止め、ふたをしてしばらく蒸らす。器に盛って粉山椒をふる。

煮もの column

どじょうやうなぎを使った料理を柳川といい、ここでは、なすを細長く切ってどじょうのように見立てて作りました。卵でとじることで、ベーコンのコクと風味がなすによ～くしみるんです。

ソーセージとポテトのケチャップ煮　洋風

[材料] 4人分

ソーセージ
　　……10本(200g)
じゃがいも……3個
玉ねぎ……½個
水菜……¼束
にんにくのみじん切り
　　……小さじ1
トマトケチャップ
　　……大さじ1
水……大さじ4
塩・コショウ……各少々
揚げ油……適量
バター……15g

[作り方]

1. ソーセージは斜め半分に切る。玉ねぎは1cm幅のくし形に切り、水菜はサッとゆでて4cm長さに切る。
2. じゃがいもは皮をむいて4等分に切り、水にさらして水けをふく。これを165度の油で素揚げにする。
3. 鍋にバターを入れて、にんにく、玉ねぎを炒め、ソーセージも炒め合わせる。トマトケチャップ、水、2を加えて軽く煮込み、塩、コショウで調味。器に盛って水菜をあしらう。

煮もの
column

じゃがいもを切る時間がないときは、冷凍ポテトをサッと揚げて使うととっても簡単に作れます。誰もが喜ぶケチャップ味が懐かしい、スナック風です。

毎日の副菜に
お役立ち ｜ 1

サッと作れる野菜の煮もの

思い立ったらすぐに作れて、
あと一品欲しいときに助かる
野菜の煮ものを24品。
ほとんどが材料1〜2品でサッとできる、
簡単なものを集めました。
煮ることで野菜がいっぱい食べられる、
いいことずくめがうれしい副菜です。

いんげんのたっぷりごま煮 和風

[材料] 3～4人分

さやいんげん……25本
煮汁
　だし汁……½カップ
　バター……10g
　砂糖……大さじ1
　白すりごま……大さじ4
　しょうゆ……大さじ½
　薄口しょうゆ……大さじ½

[作り方]

1. さやいんげんは筋をとって半分に切り、サッと塩ゆでして冷水にとり、水けをきる。
2. 鍋に煮汁を合わせて煮立たせ、1を加えてサッと煮る。

煮もの column

すりごまをたっぷり入れた風味のよさは、食欲が出ますね。色鮮やかにサッと煮ると食卓が華やかに。グリーンアスパラやほうれんそうなどの青野菜でもよく、ごまのかわりに焼きのりでも美味です。

小松菜の煮びたし 和風

[材料] 4人分

小松菜……1束(400g)
えのきたけ……½袋
煮汁
　┌ だし汁……1と½カップ
　│ 酒……大さじ1
　│ みりん……大さじ2
　│ 薄口しょうゆ……大さじ1
　└ 塩……小さじ⅕

[作り方]

1. 小松菜は3cm長さに切り、サッと塩ゆでして冷水にとり、水けを絞る。えのきたけは根元を切って、半分に切る。
2. 鍋に煮汁を合わせて煮立たせ、1を加えて2〜3分煮る。

煮もの column

温かくても、さめてもおいしい、メインをもり立てる定番の副菜です。白菜やほうれんそう、水菜、チンゲンサイでもおいしくできるので、毎日でも作ってください。

白菜と油揚げの中華うま煮

中華風

[材料] 4〜5人分

白菜……¼株(700g)
油揚げ……1枚
干しえび……15g
水……1カップ
水溶き片栗粉……大さじ1
煮汁
　鶏ガラスープの素
　　……大さじ1
　砂糖……大さじ1
　薄口しょうゆ……大さじ1
　塩……小さじ½
ごま油……大さじ1

[作り方]

1. 白菜は芯の部分は細切りにし、葉はざく切りにする。油揚げは縦半分に切ってから、1cm幅に切る。干しえびは分量の水でもどしておく。
2. 鍋にごま油を熱して、白菜をしんなりするまで炒める。
3. 2に油揚げ、もどした干しえびを汁ごと、煮汁を加えて4〜5分煮、水溶き片栗粉でとろみをつける。

煮もの column

白菜の甘みと、とろっとした煮汁が体にやさしい一鉢です。干しえびのうまみとごま油の風味がおいしさの決め手。白菜は芯の部分は細めに、葉は大きめに切ると、均一に火が通ります。

ほうれんそうとじゃこのとろっと煮 〔和風〕

[材料] 3〜4人分

ほうれんそう
　……1束(350g)
ちりめんじゃこ……30g
水溶き片栗粉……大さじ1
一味唐辛子……少々
煮汁
　┌ 水……1カップ
　│ みりん……大さじ1
　│ 薄口しょうゆ……大さじ1
　└ 塩……少々

[作り方]

1. ほうれんそうは3cm長さに切り、サッと塩ゆでして冷水にとり、水けを絞る。
2. 鍋にちりめんじゃこを入れて弱火でカラいりし、煮汁を加えて煮立たせる。
3. 2に1を加えてサッと煮、水溶き片栗粉でとろみをつける。器に盛って、一味唐辛子をふる。

煮もの
column

これは水溶き片栗粉で、全体をとろりとまとめてみました。どうです？　なめらかな口あたりが品のいい、汁ごとツルッといただけるのがうれしいですね。冬はアツアツを、夏は冷たくして！

焼き長ねぎのクリーム煮 中華風

[材料] 2〜3人分

長ねぎ……2〜3本
煮汁
　水……½カップ
　牛乳……½カップ
　鶏ガラスープの素
　　……小さじ1
　みりん……大さじ1
　薄口しょうゆ……大さじ1
　片栗粉……小さじ1
サラダ油……大さじ½

[作り方]

1. 長ねぎは横に細かく切り込みを入れて、5cm長さに切る。ボウルに煮汁を合わせ、よく混ぜておく。
2. 鍋にサラダ油を熱して、長ねぎの両面をこんがりと焼き、煮汁をもう一度混ぜてから加えて、軽く煮込む。汁がとろっとして、ねぎがやわらかくなればできあがり。

煮もの
column

長ねぎに切り込みを入れることで、早く火が通って味の含みもよくなります。クリーム系との相性がいいねぎ。その甘くってやわらかい驚きのおいしさを、じっくり味わって。

パリパリピーマンののり梅煮 　和風

[材料] 4人分

ピーマン……4〜5個
焼きのり……全形1枚
梅干し……1個
煮汁
[水……½カップ
  砂糖……小さじ1
  しょうゆ……大さじ1]

[作り方]

1. ピーマンはヘタと種をとって大きめの乱切りにし、サッとゆでる。梅干しは種をとって、細かく刻む。
2. 鍋に煮汁、ちぎったのり、梅干しを入れて煮立たせ、ピーマンを加えてサッと煮る。

煮もの
column

ピーマンのパリパリ感を残すように煮てくださいね。のり＆梅のいい香りと酸味で、食欲がない人でもペロッ！梅干しのクエン酸が疲労回復に一役買ってくれますよ。

たっぷりニラの卵とじ 中華風

[材料] 4人分

ニラ……2束（230g）
卵……3個
長ねぎ……¼本
煮汁
　┌ 水……½カップ
　│ 鶏ガラスープの素
　│ 　……小さじ1
　│ 砂糖……小さじ1
　└ 薄口しょうゆ……小さじ2

[作り方]

1. ニラは3〜4cm長さに切り、サッとゆでて水けを絞る。長ねぎは5cm長さの細切りにする。
2. 鍋に煮汁を合わせて煮立たせ、ニラを加えて少し煮る。溶いた卵をまわし入れて火を通し、器に盛って長ねぎをのせる。

煮もの column

ちょっと趣向を変えて、鶏ガラスープで中華風に作ってみました。いつもとは違うコクと風味で舌も大満足。栄養豊富な卵とスタミナ野菜のニラで、今日も元気いっぱい！

里いもの煮ころがし 和風 保存

[材料] 4人分

里いも……
　　中10〜12個(600g)
塩……少々
煮汁
　┌ だし汁……2カップ
　│ 酒……大さじ2
　│ 砂糖……大さじ3
　└ しょうゆ……大さじ2

[作り方]

1. 里いもは皮をむいて、塩もみして水で洗い、水けをふく。
2. 鍋に煮汁のだし汁、酒、1を入れて落としぶたをし、煮立ってきたら弱火で2〜3分煮る。
3. 2に砂糖を加えてさらに4〜5分煮、しょうゆを加えて煮汁がなくなるまで煮る。容器にあけてさます。

煮もの column

里いもが少し煮くずれるまで、鍋を揺すりながら煮るのがこの料理の由来。余計な水分を残さないように、煮汁がなくなるまで煮れば、冷蔵庫で2〜3日保存できます。

里いものカレー煮 和風

[材料] 4人分

里いも……
　　中10〜12個(600g)
塩……少々
玉ねぎ……½個
水溶き片栗粉……小さじ2
煮汁
　┌ だし汁……2カップ
　│ 砂糖……大さじ1
　│ カレールウ……30g
　└ しょうゆ……大さじ1
サラダ油……小さじ2

[作り方]

1. 里いもは皮をむいて、塩もみして水で洗い、水けをふく。玉ねぎは薄いくし形に切る。
2. 鍋にサラダ油を熱して玉ねぎを炒め、里いもも加えて炒め合わせる。油がまわったら煮汁のだし汁を加えて煮立たせ、アクをとって弱火で2〜3分煮る。さらに砂糖を加えて5分煮る。
3. 2にカレールウ、しょうゆを加えて軽く煮込み、水溶き片栗粉でとろみをつける。

煮もの column

おそば屋さんのカレーうどんを思わせる、だし汁が効いた里いもの煮ものです。パンチのある味は、ごはんが何杯でも食べられそう。隠し味のしょうゆが決め手なんです。

かぼちゃの揚げ煮 [和風]

[材料] 4人分

かぼちゃ……¼個(500g)
赤唐辛子……3本
煮汁
[だし汁……2カップ
  酒……¼カップ
  砂糖……大さじ2
  薄口しょうゆ……大さじ2
  しょうゆ……大さじ2]
揚げ油……適量

[作り方]

1. かぼちゃは種とワタをとって、皮つきのまま5～6等分のくし形に切り、さらに長さを半分に切る。これを165度の油で素揚げにする。
2. 赤唐辛子は種をとる。
3. 鍋に煮汁、2を入れて煮立たせ、1を加えて弱火で4～5分煮る。

煮もの column

かぼちゃを揚げてから煮るのは、あまりなじみがないと思うけれど、揚げることでコクも出るし、煮くずれしにくくなります。唐辛子で味を引き締めることで、男の人にも喜ばれる煮ものになりますよ。

かぼちゃの含め煮 [和風]

[材料] 4人分

かぼちゃ……¼個(500g)
煮汁
[だし汁……3カップ
  砂糖……大さじ4
  みりん……大さじ1
  しょうゆ……大さじ2と½]

[作り方]

1. かぼちゃは種とワタをとって、皮つきのまま食べやすい大きさに切る。
2. 鍋に煮汁のだし汁、1を入れて煮立たせ、砂糖、みりんを加えて落としぶたをし、弱火で4～5分煮る。しょうゆを加えて、さらに4～5分煮る。

煮もの column

ただ煮含めるだけの簡単な料理ですが、それだけにかぼちゃが決め手に。ずっしり重たいかぼちゃは糖度が高くておいしいので、これをゆっくり煮て味わってください。

大根とツナのサッと煮 和風

[材料] 3〜4人分

大根……⅓本(400g)
ツナ缶……小1缶(80g)
細ねぎ……1本
煮汁
　┌ 水……1カップ
　│ 酒……大さじ1
　│ みりん……大さじ2
　└ 薄口しょうゆ……大さじ2

[作り方]

1. 大根は皮をむいて、ピーラーで縦に細長く切る。細ねぎは小口から刻む。
2. 鍋に煮汁、ツナを缶汁ごと入れて煮立たせ、大根を加えてサッと煮る。器に盛って、細ねぎを散らす。

煮もの column

大根は繊維に沿って薄く、長くピーラーで切ることで、味がしみ込みやすくなり、パリパリした食感が楽しめます。早く火が通るので、急いでいるときでもすぐに作れて大助かり。

大根とほたてのやわらか煮 洋風

[材料] 4人分

大根……⅓本(400g)
ほたての水煮缶
　……小1缶(100g)
煮汁
　┌ 水……1カップ
　│ コンソメスープの素
　│ 　……1個
　│ みりん……小さじ2
　└ 薄口しょうゆ……小さじ2

[作り方]

1. 大根は皮をむいて、2cm角に切る。
2. 鍋に煮汁、1、ほたてを缶汁ごと加えて煮立たせ、弱火で大根がやわらかくなるまで煮る。

煮もの column

ほたての缶汁はうまみがいっぱいなので、だしとしてぜひ使いましょう。大根からジュワーッとしみ出るほたての風味が、たまらないおいしさです。

なすのひすい煮 和風

[材料] 4人分

なす……4個
煮汁
　だし汁……1カップ
　砂糖……小さじ1
　みりん……大さじ2
　薄口しょうゆ……大さじ2
揚げ油……適量

[作り方]

1. なすはヘタをとって皮を縦縞にむき、2cm厚さの輪切りにする。これを170度の油で1〜2分揚げる。
2. 鍋に煮汁を合わせて煮立たせ、1を加えてサッと煮る。容器に移してできるだけ早くさます。

煮もの column

皮をむいた部分のなすが、薄く緑がかったひすい色に仕上がる、美しい一皿です。きれいな色を生かすため、しょうゆは薄口を使うのがポイント。大根おろしを加えても、さっぱりとおいしくできます。

なすの田舎煮 和風

[材料] 4人分

なす……4個
赤唐辛子……2本
煮汁
　水……½カップ
　砂糖……大さじ2
　しょうゆ……大さじ2
サラダ油……大さじ4

[作り方]

1. なすはヘタをとって縦半分に切り、皮に斜めに切り込みを入れて半分に切る。水にさらして、水けをふく。赤唐辛子は種をとる。
2. フライパンにサラダ油を熱してなすを炒め、しんなりしたら、煮汁の水、砂糖、赤唐辛子を加えて2〜3分煮る。さらにしょうゆを加えて3〜4分煮る。

煮もの column

なすの水分が出て、くったりするまで煮るのが田舎風。水分が多いなすは腐りやすいので、保存性を高めるために昔から作られてきました。素朴な甘辛い味は、毎日食べたいお惣菜。

ごろっと野菜のラタトゥイユ 洋風

[材料] 4〜5人分
- 生しいたけ……4個
- なす……4個
- ピーマン……4個
- にんにくのみじん切り……1片分
- 煮汁
  - トマト水煮缶……小1缶(230g)
  - コンソメスープの素……2個
  - 砂糖……大さじ2
  - しょうゆ……小さじ2
- 塩・コショウ……各少々
- オリーブオイル……大さじ6

[作り方]
1. 生しいたけは軸をとって4つに切り、なすは皮をむいて2cm角に、ピーマンは乱切りにする。
2. 鍋にオリーブオイル大さじ4、にんにくを入れて火にかけ、1を炒める。
3. 2にオリーブオイル大さじ2、煮汁を加えて弱火で15〜20分煮、塩とコショウで調味する。

煮もの column

くたくたに煮えた野菜がほんのり甘くて、トマトの酸味とマッチ。野菜は煮減りするので、ごろっと大きめに切って素材感を生かしましょう。ズッキーニやパプリカ、にんじんを加えても。

れんこんのかつお煮 和風

[材料] 4人分

れんこん……1節(200g)
削り節……5g
煮汁
　水……1と½カップ
　みりん……大さじ1
　砂糖……大さじ1
　しょうゆ
　　……大さじ1と½

[作り方]

1. れんこんは皮をむいて乱切りにし、水にさらして、水けをきる。
2. 鍋に煮汁を合わせて煮立たせ、れんこんを加えて削り節をかぶせるようにのせ、落としぶたをして弱火で5分煮る。

煮もの
column

れんこんに削り節をのせて煮るだけ。簡単な割にはうまみがいっぱいの、だし汁いらずの一品です。れんこんのパリッとした食感があとを引きますが、やわらかく煮てもおいしいものです。

かぶの白煮 和風

[材料] 4人分

かぶ……中3個(400g)
しょうが汁……小さじ2
煮汁
 ┌ だし汁……1と½カップ
 │ 酒……¼カップ
 │ みりん……大さじ2
 │ 薄口しょうゆ……小さじ1
 └ 塩……小さじ⅓

[作り方]

1. かぶは皮をむいて大きめのくし形に切る。かぶの葉は細かく刻む。それぞれ塩ゆでして冷水にとり、水けをきる。
2. 鍋に煮汁を合わせて煮立たせ、かぶ、しょうが汁を加えて落としぶたをし、弱火で10分煮る。器に盛って、かぶの葉を散らす。

煮もの
column

かぶの白さを大事にして煮上げる、和の伝統的な料理です。真っ白ですが、味はちゃんと中までしっかり！ しょうゆは薄口を使い、塩で味を調えることで家庭でもきれいな色に作れます。

ごぼうのまったり煮 和風

[材料] 2〜3人分

ごぼう……1本(150g)
片栗粉……適量
赤唐辛子……2本
煮汁
　だし汁……大さじ3
　酒……大さじ3
　砂糖……大さじ1
　みりん……大さじ1
　しょうゆ……大さじ1
揚げ油……適量

[作り方]

1. ごぼうは細長い乱切りにして水にさらし、水けをふく。これに片栗粉をまぶし、165度の油で揚げる。赤唐辛子は種をとる。
2. 鍋に煮汁を合わせて煮立たせ、1を加えて汁けがなくなるまで、からめながら煮る。

煮もの
column

ごぼうを揚げるときに片栗粉をまぶしておくと、煮汁がからみやすくなるんです。これは味がなじみにくいごぼうの裏ワザ。ちょっと甘めにすると、グッとお惣菜風になりますよ。

玉ねぎのマスタードスープ煮 洋風

[材料] 4〜5人分

玉ねぎ……2個(400g)
ベーコン(かたまり)
　……150g
粒マスタード……小さじ2
煮汁
　┌ 水……1と½カップ
　│ コンソメスープの素
　│ 　……1個
　│ みりん……大さじ2
　└ 薄口しょうゆ……大さじ1

[作り方]

1. 玉ねぎは大きめのくし形に切り、ベーコンは1cm幅くらいの棒状に切る。
2. 鍋に煮汁を合わせて煮立たせ、1を加えて弱火で3〜4分煮る。仕上げに粒マスタードを混ぜて軽く煮、器に盛って好みで粒マスタードを添える。

煮もの
column

玉ねぎの甘みを楽しむ、スープ仕立ての煮ものです。ベーコンはかたまりだとボリュームが出ますが、ないときは薄切りでも大丈夫。玉ねぎのかわりに、大根や白菜でも作れます。

チーズじゃがいも 和風

[材料] 4人分

じゃがいも……4個(650g)
細ねぎ……1本
スライスチーズ
　(溶けるタイプ)……3枚
塩・コショウ・粗びき
　黒コショウ……各少々
煮汁
　┌ だし汁……½カップ
　│ 昆布茶……小さじ1
　└ 砂糖……小さじ1

[作り方]

1. じゃがいもは皮をむいて、食べやすい大きさに切る。これをやわらかくゆでて湯を捨て、粉ふきいもにして、塩、コショウで調味する。
2. 細ねぎは小口から刻む。
3. 鍋に煮汁を合わせて煮立たせ、1を加えて軽く煮る。ちぎったスライスチーズを加えて溶けるまで火を通し、器に盛って粗びき黒コショウをふり、細ねぎをのせる。

煮もの
column

ほくほくしたじゃがいもに、チーズがまったりとからまって…。誰もが喜ぶスナック風のチーズ味は、つけ合わせに、お弁当のおかずに、サンドイッチに、と幅広く使えます。

たけのことわかめの煮もの 和風

[材料] 4人分

ゆでたけのこ……4個(500g)
塩蔵わかめ……30g
木の芽……適量
煮汁
- だし汁……2カップ
- みりん……¼カップ
- 薄口しょうゆ……大さじ2
- 砂糖……小さじ1
- 塩……小さじ⅕

[作り方]

1. ゆでたけのこは食べやすい大きさに切る。わかめは水でもどして食べやすく切り、サッとゆでて冷水にとり、水けを絞る。
2. 鍋に煮汁を合わせて煮立たせ、ゆでたけのこを加えて3〜4分煮る。わかめを加えてさらに1〜2分煮、器に盛って、木の芽をのせる。

煮もの column

若竹煮は、里のたけのこ、海のわかめ、山の木の芽が出会う、春を代表する季節感たっぷりの料理です。素材の持ち味を逃さないように、弱火でゆっくり煮含めてください。

たけのこ粉がつお煮 和風 保存

[材料] 4人分

ゆでたけのこ……4個(500g)
粉がつお……大さじ2
木の芽……適量
煮汁
- だし汁……½カップ
- 砂糖……大さじ1
- みりん……大さじ1
- しょうゆ……大さじ2

サラダ油……大さじ1

[作り方]

1. ゆでたけのこは、5mm厚さくらいの薄切りにする。
2. 鍋にサラダ油を熱して1を炒め、油がまわったら煮汁を加えて軽く煮詰める。容器に移して粉がつおをふり入れ、全体にまぶしてさます。器に盛って、木の芽をのせる。

煮もの column

たけのこを炒めて、きんぴら風にしたレシピです。油のコクと粉がつおの風味が、こっくりとした深い味わいに。さましてから冷蔵庫で保存すれば、4〜5日おいしくいただけます。

筑前煮 和風

[材料] 4人分

鶏もも肉……1枚
れんこん……1節(130g)
にんじん……½本(100g)
生しいたけ……4個
こんにゃく……1枚
さやいんげん……12本
しょうが汁……小さじ2
煮汁
　だし汁……2カップ
　砂糖……大さじ3
　みりん……大さじ1
　しょうゆ……大さじ3
サラダ油……大さじ1

[作り方]

1. 鶏肉は一口大に切り、れんこん、にんじんは乱切りにする。生しいたけは軸をとって4つに切り、こんにゃくは一口大にちぎる。さやいんげんは3cm長さに切って塩ゆでし、冷水にとって水けをきる。
2. 鍋にサラダ油を熱して、鶏肉を色が変わるまで炒め、れんこん、にんじん、生しいたけ、こんにゃくを加えて炒め合わせる。
3. 2に煮汁のだし汁、砂糖、みりんを加えて落としぶたをし、煮立ってきたらアクをとって弱火で4～5分煮る。煮汁が半分になったらしょうゆを加えて、さらに中火で4～5分煮る。
4. 煮汁を煮詰めて、さやいんげん、しょうが汁を加え、サッと混ぜる。

鶏肉と野菜、こんにゃくは、全体に油がまわるまで炒めると煮くずれしにくくなって、味がしみ込みやすくなる。それからだし汁を注ぎ入れる。

最後は煮汁がほとんどなくなり、照りがよくなるまで煮詰める。さやいんげんとしょうが汁は仕上げに加えて、色&風味を生かすように。

煮もの
column

肉や野菜、こんにゃくなど、たくさんの材料を一緒に煮込んだ、昔ながらの煮もの。それぞれから出たうまみが滋味深いおいしさです。おもてなしにも、華やかで喜ばれますよ。

味つけが簡単な"煮ものだし"

煮ものがおいしくできない人や、味つけに自信が持てない人におすすめなのが、この「煮ものの素」と「八方だし」。どちらもうまみいっぱいの調味だしなので、これを使うだけで煮ものが簡単においしく作れます。たくさん作って冷蔵保存しておくと、いつでも使えて便利。忙しいときにも重宝しますよ。

煮ものの素

干ししいたけでうまみを出した甘辛い濃縮だしで、用途に合わせて水で薄めて使います。たとえば、素材にしっかり味をつけたいときは2倍に、素材の味を楽しみたいなら3倍に…と、好みの濃さに水で薄めることで、様々な煮ものに応用できます。さらにコンソメスープの素や鶏ガラスープの素を加えると、和風のみならず、洋風にも中華風にもアレンジ自在。もっと味に変化がほしいときは、しょうが、コショウ、八角、豆板醤など、香りのあるものを足すとバリエーションが広がります。

[材料] 作りやすい分量

濃口しょうゆ・酒……各½カップ
砂糖……大さじ3
みりん……小さじ2
干ししいたけ（スライスタイプ）……10g

[作り方]

1. 鍋にすべての調味料と干ししいたけを入れて火にかけ、煮立ってきたらアクをとる。
2. 容器にあけてそのままさます。保存瓶に入れて冷蔵庫で保存すれば10日使える。

八方だし

八方だしとは、どんな煮ものにでも使える応用範囲の広い合わせだしです。配合は、だし汁8：みりん1：しょうゆ1とわかりやすく、煮ものの基本的な味つけのベースとして使います。初心者でもこの「八方だし」を使うことで、煮ものがおいしく失敗なく作れます。好みで、もっと甘くしたいときは「みりんや砂糖」を、濃くしたいときは「しょうゆや塩」を足して、用途に合わせてアレンジも可能です。逆に味が濃くなった場合は"だし汁"を少し足すだけで、おいしくなります。

[材料] 作りやすい分量

だし汁……2カップ
みりん……¼カップ
しょうゆ……¼カップ

[作り方]

1. 鍋にだし汁とみりん、しょうゆを入れて火にかけ、軽く煮立たせる。
2. 火を止めてさましたら、保存瓶に入れて冷蔵庫で保存。2〜3日で使いきる。

二章
卵・豆腐製品・豆の煮もの

栄養がいっぱいの卵、豆腐、豆は、
毎日でも食べたい食材ですね。
調味料や合わせる具を
ちょっと工夫するだけで、
いつもの煮ものに変化がつきます。
常備菜として重宝するのも
主婦の心強い味方ですよ。

油揚げの包み煮
▶P065

八角煮卵　中華風

[材料] 4〜5人分

卵……10個
塩……少々
八角……1個
しょうが……1かけ
にんにく……2片
長ねぎの青い部分
　……1本分
煮汁
 ┌ 水……1と½カップ
 │ 焼酎……1カップ
 └ しょうゆ……½カップ

[作り方]

1. 鍋に卵、塩、かぶるくらいの水を入れて煮立たせ、弱火で10分ゆでて水にとり、殻をむく。しょうがは薄切りにする。
2. 鍋に煮汁、八角、しょうが、にんにく、長ねぎを入れて煮立たせ、弱火にしてゆで卵を加えて10分煮る。そのままさます。

煮もの column

八角やにんにくなどの香味野菜がエキゾチックに香る、栄養豊富な煮卵。煮汁にしょうがや粉山椒、中濃ソース、カレー粉等を加えると、バリエーションが広がります。2〜3日で食べきりましょう。

油揚げの包み煮 和風

[材料] 4〜5人分

油揚げ……4枚
しらたき……小1袋
もち……2個
干ししいたけ……4枚
にんじん……1/6本
かんぴょう……適量
煮汁
　だし汁……3/4カップ
　砂糖……大さじ5
　みりん……大さじ2
　しょうゆ……大さじ3
　ナンプラー……小さじ2

[作り方]

1. 油揚げは半分に切って袋状に開き、油抜きをする。しらたきはサッとゆでてざるに上げ、もちは4つに切る。干ししいたけは水でもどし、半分に切る。にんじんはせん切りにしてサッとゆで、かんぴょうは水でもどす。
2. 油揚げにしらたき、もち、もどしたしいたけ、にんじんを等分に入れ、かんぴょうで口を結ぶ。
3. 鍋に煮汁を合わせて煮立たせ、2を並べて弱火で10〜13分煮含める。

煮もの column

何が入っているのかな、とわくわくする宝袋です。とろ〜りとしたおもち、にんじん、しいたけ…。どんどん食べすすんでしまう甘辛い味は、やさしいおふくろの味のお惣菜です。

厚揚げと干しえびのうま煮　中華風

[材料] 4人分

厚揚げ……2枚
干しえび……20g
水……2カップ
長ねぎ……1本
みつば……1束
水溶き片栗粉……大さじ1
煮汁
　┌ 鶏ガラスープの素
　│　　……小さじ1
　│ みりん……大さじ1
　│ 砂糖……小さじ2
　└ しょうゆ……大さじ2

[作り方]

1. 厚揚げは1cm厚さくらいに切り、干しえびは分量の水でもどしておく。長ねぎは斜め薄切りにし、みつばは3cm長さに切る。
2. 鍋に煮汁、干しえびを汁ごと入れて煮立たせ、厚揚げを加えて2〜3分煮、長ねぎを加えてサッと煮る。水溶き片栗粉でとろみをつけ、みつばを加えて軽く煮る。

煮もの
column

長ねぎのシャキシャキ感を味わいたいので、煮すぎないようにしましょう。干しえびは味出しのため欠かせない食材。水で30分もどしてうまみを十分引き出し、汁ごと料理に使うのがポイントです。

がんもどきの含め煮 和風

[材料] 4人分

がんもどき……8個
練りがらし……適量
煮汁
　┌ だし汁……1と½カップ
　│ 酒……¼カップ
　│ 砂糖……大さじ1
　│ みりん……大さじ2
　└ しょうゆ……大さじ2

[作り方]

1. がんもどきはサッと熱湯にくぐらせ、ざるに上げる。
2. 鍋に煮汁を合わせて煮立たせ、1を加えて弱火で10分煮る。そのままさまし、器に盛って練りがらしを添える。

煮もの column

グラグラ煮るのは禁物です。がんもどきからおいしい味が流れ出ないよう、弱火でコトコト煮汁を含めるように煮ます。たっぷりの煮汁も一緒に召し上がれ。

焼き豆腐とうなぎの二種煮 和風

［材料］4人分

焼き豆腐……1丁
うなぎのかば焼き
　　……1尾分
粉山椒……適量
煮汁
　[だし汁……1と½カップ
　　うなぎのたれ……大さじ2
　　しょうゆ……大さじ2]

［作り方］

1. 焼き豆腐は8等分に切り、うなぎは食べやすい大きさに切る。
2. 鍋に煮汁を合わせて煮立たせ、1を加えて弱火で10分煮る。器に盛って、粉山椒をふる。

煮もの
column

豆腐は焼いたものを使ってくださいね。その香ばしさとかば焼きが一体となって、滋味深いおいしさになるんです。添付のうなぎのたれを使うと、味つけも簡単ですよ。

いり豆腐のカレー風味　エスニック

［材料］4人分

木綿豆腐……1丁
鶏ひき肉……100g
カレー粉……大さじ½
ミックスベジタブル(冷凍)
　……100g
卵……1個
煮汁
　┌水……½カップ
　│昆布茶……小さじ1
　│みりん・砂糖
　│　……各大さじ1
　└薄口しょうゆ……大さじ2
サラダ油……大さじ1

［作り方］

1. 豆腐は小さくちぎってペーパータオルに包み、500Wの電子レンジで2分加熱。ざるに上げて水けをきる。
2. 鍋にサラダ油を熱してひき肉を炒め、カレー粉を加えて炒める。全体にカレー粉がまわったら1、ミックスベジタブル、煮汁を加えて2〜3分煮る。最後に溶き卵を加えて、からめながら煮る。

煮もの
column

ミックスベジタブルで手軽に、彩りよく作ってみました。カレー味にすると子供も喜ぶし、お弁当にも最適に。豆腐は水きりして、水っぽくならないようにしてください。

マーボー豆腐

中華風

[材料] 4人分

鶏ひき肉……150g
絹ごし豆腐……1丁
にんにく・しょうが……各1かけ
長ねぎ……½本
ごま油……大さじ1
水溶き片栗粉……大さじ2
香菜・ラー油……各適量
A[豆板醤……大さじ½
　 豆豉……大さじ⅓]
煮汁[だし汁……1カップ
　　 酒……大さじ2
　　 しょうゆ・オイスターソース
　　　……各大さじ1]
サラダ油……大さじ2

[作り方]

1. にんにく、しょうが、長ねぎはみじん切りにする。
2. 鍋にサラダ油を熱して、にんにく、しょうが、Aを入れて炒め、ひき肉も加えて炒める。色が変わったら煮汁を加えて煮立たせ、豆腐をちぎりながら加えて煮る。
3. 豆腐が温まったら長ねぎを加えてサッと煮、ごま油、水溶き片栗粉を加えてとろみをつける。香菜とラー油をあしらう。

煮もの column

絹ごし豆腐でなめらかな口あたりにしました。だしを効かせたあっさり味が自慢。ごはんにのせて丼にしても。

うの花煮 和風

[材料] 4～5人分

おから……200g
鶏ひき肉……100g
にんじん……¼本
生しいたけ……4個
絹さや……10枚
煮汁
　┌ だし汁……2と½カップ
　│ 砂糖・みりん
　│ 　……各大さじ3
　│ 薄口しょうゆ……大さじ4
　└ 塩……小さじ½
ごま油……大さじ1

[作り方]

1. にんじんはせん切りにし、生しいたけは薄切りにする。絹さやは筋をとってせん切りにし、サッと塩ゆでし冷水にとり、水けをきる。
2. 鍋にごま油を熱してひき肉を炒め、色が変わったらにんじん、生しいたけ、おからを炒め合わせる。
3. 2に煮汁を加えて汁けがなくなるまで煮る。煮上がる直前に絹さやを加えて混ぜる。

煮もの column

おからに鶏ひき肉を加えるのが斉藤流。ボリュームが出てコクがつくので舌もおなかも大満足。たっぷりの煮汁でしっとり仕上げます。

白花豆の甘煮 和風 保存

[材料]作りやすい分量

白花豆……1カップ
水……6カップ
砂糖……150g
塩……少々

[作り方]

1. ボウルに洗った白花豆、水3カップ、塩を入れ、一晩つけてもどす。これを水ごと鍋に入れて煮立たせ、アクをとってから一度ざるに上げる。
2. 鍋に白花豆と新しい水3カップを入れて煮立たせ、さし水をしながらやわらかくなるまで弱火で煮る。指でつぶれるくらいのやわらかさになったら砂糖を加え、弱火で30分煮る。容器に汁ごとあけてさます。

煮もの column

出てきたアクはしっかりとってください。弱火で気長に煮れば豆が割れることはなく、姿よく煮上がります。煮汁ごと保存容器に入れて冷蔵庫で保存すれば、4〜5日おいしくいただけます。

キドニービーンズのトマト煮 洋風

[材料] 4〜5人分

キドニービーンズの水煮
　　……200g
コンビーフ……1缶
にんにく……1片
玉ねぎ……½個
セロリ……½本
赤唐辛子……1本
トマト水煮缶……大1缶
ローリエ……1枚
しょうゆ……大さじ1
砂糖……小さじ2
塩・コショウ……各少々
オリーブオイル……大さじ1

[作り方]

1. にんにく、玉ねぎ、セロリはみじん切りにし、赤唐辛子は種をとる。
2. 鍋にオリーブオイルを熱してにんにくを炒め、玉ねぎ、セロリを加えて炒める。ここにキドニービーンズの水煮、コンビーフ、トマトの水煮を缶汁ごと、ローリエ、赤唐辛子、しょうゆ、砂糖を加えて、弱火で20分煮る。
3. 煮汁が少なくなったら、塩、コショウで味を調える。

煮もの
column

キドニービーンズとは赤いんげん豆のことで、煮くずれしにくいので煮込み料理に適しています。今回はコンビーフ、トマトの水煮などとじっくり煮て、うまみと食べごたえを出しました。

大豆の三目煮

[材料] 4〜5人分

蒸し大豆……320g
にんじん……½本
さやいんげん……12本
煮汁
　┌ だし汁……1と½カップ
　│ 砂糖……大さじ3
　│ みりん……大さじ2
　└ しょうゆ……大さじ2と½

[作り方]

1. にんじんは小さめの乱切りにする。さやいんげんは筋をとり、2cm長さに切ってサッと塩ゆでする。
2. 鍋に煮汁のだし汁、砂糖、みりんを入れて火にかけ、大豆、にんじんを加える。煮立ってきたら弱火にして3〜4分煮、しょうゆを加えてさらに15分煮る。
3. 汁けがなくなったらさやいんげんを加え混ぜ、容器にあけてさます。

煮もの
column

材料が3種でも、十分に味が出ておいしいもの。小さめに切ればあっという間に煮上がります。蒸し大豆がなければ、ゆでたものでも。保存容器に入れて冷蔵庫で保存すれば、4〜5日いただけます。

大豆と豚肉のキムチ煮 エスニック

[材料] 4〜5人分

蒸し大豆
　……1袋(160g)
豚バラ薄切り肉……150g
白菜キムチ(切ったもの)
　……150g
粉チーズ……30g
細ねぎ……1本
煮汁
　┌ 水……¾カップ
　│ 昆布茶……小さじ1
　│ 砂糖……大さじ1弱
　└ しょうゆ……大さじ1弱

[作り方]

1. 豚肉は1cm幅に切り、細ねぎは小口から刻む。
2. 鍋に豚肉を入れて炒め、脂が出てきたら大豆、白菜キムチを加えて炒め合わせる。
3. 煮汁を加えて2〜3分煮、粉チーズを加えてサッと煮る。器に盛って細ねぎをのせる。

煮もの column

キムチ&チーズの発酵食品コンビで、おいしさが2倍になるんですよ。大豆にも味がしっかりしみて、若い世代にも大受けすること間違いナシ。キムチがとってもまろやかです。

三章
乾物・加工品の煮もの

ひじきや高野豆腐、切り干し大根…。
おなじみのものばかりですが、
味つけをちょっと甘めに仕上げて
ごはんがすすむようにしました。
キムチや缶詰を使ったり、
ホワイトソースで煮たり。
斉藤流のワザがいっぱいです。

高野豆腐の卵とじ
▶P082

ひじきのうま煮 和風 保存

[材料] 4～5人分

ひじき……30g
にんじん……¼本
油揚げ……1枚
白いりごま……大さじ1
煮汁
　┌ だし汁……1カップ
　│ 砂糖……大さじ4
　│ みりん……大さじ1
　└ しょうゆ……大さじ3
サラダ油……大さじ2

[作り方]

1. ボウルにひじきとたっぷりの水を入れ、30分置いてもどす。サッと熱湯に通してざるに上げる。にんじんはせん切りにし、油揚げは縦半分に切って1cm幅に切る。
2. 鍋にサラダ油を熱して、にんじん、ひじきを炒め、油揚げを加えてサッと炒め合わせる。煮汁のだし汁、砂糖、みりんを加えて落としぶたをし、3～4分煮る。
3. 2にしょうゆを加えて煮汁がなくなるまで煮る。容器にあけて、いりごまを加えてさます。

煮もの column

白いごはんに合うように、少し甘めに仕上げました。ひじきはゆっくりもどし、サッとゆでると味がしみ込みやすくなります。保存容器に入れて冷蔵庫で保存すれば、4～5日いただけます。

ひじきのピリ辛煮 エスニック

[材料] 4人分

ひじき……30g
白菜キムチ……50g
長ねぎ……½本
しょうが……1かけ
煮汁
　┌ 水……1カップ
　│ 酒……大さじ2
　│ みりん……大さじ1
　│ 砂糖……大さじ2
　└ しょうゆ……大さじ2
ごま油……大さじ1

[作り方]

1. ボウルにひじきとたっぷりの水を入れ、30分置いてもどす。サッと熱湯に通してざるに上げる。白菜キムチは細かく切り、長ねぎとしょうがはみじん切りにする。
2. 鍋にごま油を熱して、長ねぎ、しょうがを炒め、香りが出てきたらひじき、白菜キムチを炒め合わせる。煮汁を加えて、汁けがなくなるまで煮る。好みで刻んだキムチをあしらう。

煮もの column

これはキムチのうまみと酸味が味出しに大貢献。ひじきが思いのほかたくさん食べられますよ。ひじきには、カルシウムや鉄分、食物繊維が豊富なので、毎日でもどうぞ。

079

切り干し大根の炒め煮

[材料] 3〜4人分

切り干し大根……30g
塩……少々
油揚げ……1枚
赤唐辛子……1本
煮汁
　だし汁……1と½カップ
　砂糖……大さじ2
　みりん……小さじ1
　しょうゆ……大さじ2
サラダ油……大さじ2

[作り方]

1. 切り干し大根は水で湿らして塩をふり、よくもんでから水洗いする。水でもどして絞る。油揚げは縦半分に切って5mm幅に切り、赤唐辛子は輪切りにする。
2. 鍋にサラダ油を熱して切り干し大根を炒め、油がまわったら油揚げ、赤唐辛子を炒め合わせる。煮汁のだし汁、砂糖、みりんを加えて落としぶたをし、弱めの中火で5分煮る。
3. 煮汁が半分になったらしょうゆを加え、さらに5分煮る。容器にあけてさます。

煮もの column

最初に切り干し大根を塩でもむのが秘訣。アクがとれて特有の臭みもなくなります。汁けをとばすように仕上げると、3〜4日いただけます。保存容器に入れてから、冷蔵庫で保存してください。

結び昆布の甘辛煮 　和風

[材料] 4人分

結び昆布……16個(30g)
煮汁
[水……1と½カップ
  酒……¼カップ
  氷砂糖……30g
  みりん……大さじ1
  しょうゆ……大さじ2

[作り方]
1. 結び昆布は水でもどし、2〜3回水で洗う。
2. 鍋に1、煮汁の水、酒を入れて煮立たせ、弱火で10分煮、氷砂糖、みりんを加えて3〜4分煮る。さらにしょうゆを加えて5分煮、そのままさます。

煮もの
column

氷砂糖を使って甘さを控えめにして、昆布の風味とうまみを生かしました。ないときは、普通の砂糖でも大丈夫。しょうゆと砂糖を増やして濃いめにすると、冷蔵庫で3〜4日保存ができます。

揚げ高野豆腐のミルク煮　洋風

[材料] 4人分

高野豆腐……3個
小麦粉……30g
牛乳……1と½カップ
コンソメスープの素……1個
塩・コショウ……各少々
パセリのみじん切り
　　……少々
揚げ油……適量
バター……30g

[作り方]

1. 高野豆腐は表示通りにもどして軽く2～3回絞り、食べやすい大きさに切る。これを170度の油で2～3分揚げる。
2. 鍋にバターを溶かして小麦粉を炒め、牛乳を少しずつ加えながらホワイトソースを作る。細かく砕いたコンソメスープの素を加えて溶かし、塩、コショウで調味する。
3. 2に1を加えてからめながら煮、器に盛ってパセリを散らす。

煮もの column

高野豆腐を揚げるなんて、びっくり！　この、もちもちっとした弾力とお肉のようなボリュームは、一度作ったらやみつきになりそう。なめらかなホワイトソースのミルキーさとよく合います。

高野豆腐の卵とじ　和風

[材料] 4人分

高野豆腐……3個
鶏ひき肉……100g
卵……3個
絹さや……6枚
A ┌ 酒・みりん・薄口しょうゆ
　└　　……各小さじ2
煮汁
┌ だし汁……2カップ
│ みりん……¼カップ
│ 砂糖……大さじ1
│ 薄口しょうゆ……大さじ2
└ 塩……少々

[作り方]

1. 高野豆腐は表示通りにもどして軽く2～3回絞り、食べやすい大きさに切る。絹さやはせん切りにして、サッと塩ゆでする。
2. 鍋にひき肉、Aを入れてよく混ぜ、混ぜながら火を通して、ざるに上げる。
3. 鍋に煮汁を入れて煮立たせ、高野豆腐、2を加えて4～5分煮る。溶き卵をまわし入れて、ふんわりと火を通し、器に盛って絹さやをあしらう。

煮もの column

おなじみの卵とじですが、今回は鶏ひき肉を加えておかず風にしました。高野豆腐からジュワーッとしみ出る煮汁が、薄味でとってもおいしいんです。ミネラルが豊富なのもうれしいですね。

083

干ししいたけのつや煮

[材料] 4〜5人分

干ししいたけ……12枚
煮汁
　だし汁……¾カップ
　干ししいたけのもどし汁
　　……¾カップ
　砂糖……大さじ1と½
　みりん……大さじ1
　しょうゆ……大さじ2

[作り方]

1. 干ししいたけは水でもどし、サッと洗って軸をとる。
2. 鍋に煮汁のだし汁、干ししいたけのもどし汁、1を入れて煮立たせ、弱火で2〜3分煮る。砂糖、みりんを加えて2〜3分煮、さらにしょうゆを加えて5〜6分煮る。そのまま冷ます。

汁めんの具にしたり、すしごはんに混ぜたり…。これは応用がきくので、多めに作っておくと重宝します。保存容器に入れて冷蔵庫で保存すれば、4〜5日おいしくいただけます。

干しえびと白菜のスープ煮 中華風

[材料] 4人分

干しえび……20g
水……2カップ
白菜……¼株
しょうが……1かけ
青じそ……5枚
鶏ガラスープの素
　　……小さじ2
塩・コショウ……各少々

[作り方]

1. 干しえびは分量の水でもどしておく。白菜はざく切りにし、しょうがと青じそはせん切りにする。
2. 鍋に干しえびをもどし汁ごと入れて、白菜、しょうが、鶏ガラスープの素を入れ、弱火で10分煮る。塩、コショウで味を調えてから器に盛り、青じそをあしらう。

煮もの column

干しえびのだしで白菜をあっさりと煮たレシピです。前の晩に干しえびを水につけて冷蔵庫に入れておくと、時間がないときでもすぐに作れますよ。かぶや大根でも試してみてください。

干し貝柱と卵のふわっと煮 和風

[材料] 4人分

干し貝柱(バラ)……20g
湯……½カップ
ほうれんそう……1束
卵……2個
塩・コショウ……各少々
酒……大さじ2
サラダ油……大さじ3

[作り方]

1. 干し貝柱は分量の湯でもどしておく。ほうれんそうは4cm長さに切り、塩ゆでする。卵は卵黄と卵白に分け、卵白は五分立てにする。
2. 鍋にサラダ油大さじ1を熱してほうれんそうを炒め、塩、コショウで味を調えて取り出す。同じ鍋にサラダ油大さじ2を熱して、干し貝柱をもどし汁ごと入れ、酒も加えて軽く煮る。
3. 2に卵白を加えてからめながら煮、ほうれんそうを戻し入れてサッと煮る。器に盛り、卵黄をかける。

煮もの column

泡立てたふわっふわの卵白が、干し貝柱のうまみをもれなく包み込んだ上品な一皿です。泡がつぶれないように、さっくりと混ぜながらサッと煮上げるようにしてくださいね。

春雨のチャプチェ風 和風

[材料] 4人分

春雨……80g
豚ひき肉……150g
にんじん……¼本
ピーマン……2個
生しいたけ……2個
塩・コショウ……各少々
錦糸卵……1個分
白すりごま……大さじ2
煮汁
　┌ だし汁……¼カップ
　│ 砂糖……大さじ2
　└ しょうゆ……大さじ1
ごま油……大さじ2

[作り方]

1. 春雨は熱湯でもどしておく。にんじんとピーマンはせん切りにし、生しいたけは薄切りにする。
2. 鍋にごま油を熱してひき肉を炒め、にんじん、ピーマン、生しいたけを炒め合わせて、塩、コショウで味を調える。
3. 2に煮汁を加えて軽く煮、春雨を加えて汁けがなくなるまで煮る。最後に錦糸卵、すりごまを加えて混ぜる。

煮もの
column

肉、野菜、卵…いろんな材料が入っているので、味も栄養もとびっきり。韓国のチャプチェですが、だし汁で煮るのが斉藤流。やさしくて懐かしい味に食がすすみます。

こんにゃくの唐辛子煮

[材料] 4人分

こんにゃく……1枚(300g)
赤唐辛子……2本
煮汁
　だし汁……½カップ
　酒……大さじ2
　みりん……大さじ1
　砂糖……大さじ2
　しょうゆ……大さじ2
ごま油……大さじ1

[作り方]

1. こんにゃくはスプーンなどで小さめにちぎり、サッとゆでてざるに上げる。赤唐辛子は輪切りにする。
2. 鍋にごま油を熱して1を炒め、油が全体にまわったら煮汁を加えて、汁けがなくなるまで煮る。容器にあけてさます。

煮もの column

赤唐辛子のピリリッがアクセントのヘルシーな副菜です。ごはんのお友に、お弁当のおかずに大活躍。疲れた体を元気にしてくれます。保存容器に入れて冷蔵庫で保存すれば、4～5日いただけます。

しらたきとさけの豆乳煮　洋風

[材料] 4人分

しらたき……1袋(200g)
さけ缶……1缶(180g)
生しいたけ……4個
細ねぎ……1本
コショウ……少々
煮汁
　┌豆乳(無調整)……1カップ
　│コンソメスープの素
　│　……1個
　│みりん……小さじ1
　│薄口しょうゆ……小さじ1
　└オリーブオイル……大さじ1

[作り方]

1. しらたきは食べやすい長さに切り、サッとゆでてざるに上げる。生しいたけは薄切りにし、細ねぎは小口切りにする。
2. 鍋にオリーブオイルを熱して、しらたき、生しいたけを炒め、さけ缶、煮汁を加える。煮立ったら弱火で5〜6分煮、コショウをふる。器に盛って、細ねぎをあしらう。

煮もの
column

うちにあるストック缶詰を利用した、手軽に作れる煮ものです。牛乳が苦手な人でも、コクが出る豆乳ならおいしく食べられます。しらたきにさけの塩けとうまみがしっかり。ツナ缶でも作れます。

ちくわ煮 和風

[材料] 4人分

焼きちくわ……2本(200g)
白いりごま……大さじ1
煮汁
　水……½カップ
　昆布茶……小さじ½
　みりん……小さじ2
　しょうゆ……小さじ2
サラダ油……小さじ2

[作り方]

1. ちくわは小さめの乱切りにする。
2. 鍋にサラダ油を熱して1を炒め、煮汁を加えて汁けがなくなるまで煮る。最後にいりごまをふる。

煮もの column

ごまをいっぱいまぶしたちくわ、香ばしくて箸休めに最適。隠し味の昆布茶がちくわにしみて、かむほどに味がじんわり出てきます。ビールのおつまみに。

さつま揚げのとろろ昆布煮 　和風

[材料] 4人分

さつま揚げ
　……小10枚(300g)
とろろ昆布……5g
煮汁
　┌ 水……1カップ
　│ 砂糖……大さじ1
　└ しょうゆ……大さじ1

[作り方]

1. とろろ昆布は、長ければハサミなどで適当な長さに切る。
2. 鍋に煮汁を合わせて煮立たせ、さつま揚げ、1を加えて弱火で4～5分煮る。

煮もの
column

さつま揚げにからんだとろろ昆布がだしがわり。煮汁をいっぱい含んでいるのでしっとりジューシーで、味が全体に行き渡るんです。もう一品の副菜に重宝しますよ。

おいしい味つけに使う "調味料"

煮ものは、しょうゆや砂糖、酒など、様々な調味料が合わさって、
おいしい味に仕上がります。いただきます！がうれしいですね。

しょうゆ

一般的に使われているもので OK。香り、コク、うまみが煮ものをおいしくします。

薄口しょうゆ

材料の色や味を生かして仕上げたいときに使う、色の薄いしょうゆ。塩分がやや強め。

みりん

甘さは砂糖よりまろやかで、すっきりしています。甘み、うまみのほか、照り出しにも。

酒

うまみをつけたり、肉や魚の臭みをやわらげて風味よく仕上げる効果があります。

砂糖

本書では一般的な「上白糖」を使用。クセのない風味で溶けやすいので煮ものに最適です。

塩

味つけにはサラッとした「食塩」を使います。塩もみ・塩ゆでには「粗塩」を使うことも。

みそ

お手持ちのみそで大丈夫ですが、色の濃い麦糀の「田舎みそ」を使うレシピもあります。

酢

煮ものには、米酢が適しています。さわやかな酸味とコクが料理をもり立てます。

鶏ガラスープの素

鶏ガラエキスにしょうゆやにんにくを加えたもので、手軽に中華風の味つけができます。

コンソメスープの素

洋風の味つけに重宝。ここでは、肉と香味野菜でとった洋風スープの素を使っています。

毎日の副菜に
お役立ち | 2

作り置きできる野菜の煮もの

いつも冷蔵庫に常備している
煮ものがあれば、
毎日のおかずに、お弁当に大助かり。
時間があるときに仕込んでおくと、
味がじわじわしみて
こっくり、ほっくり、おいしくなります。
4〜5日保存できるものをご紹介。

さつまいものレモン煮

[材料] 4人分

さつまいも
　……1本(260g)
レモン……½個
煮汁
　┌ 水……1と½カップ
　└ 砂糖……100g

[作り方]

1. さつまいもは皮をよく洗って、皮つきのまま1cm厚さの輪切りにし、面取りして水にさらし、水けをきる。レモンも皮をよく洗って、薄い輪切りにする。
2. 鍋に煮汁を合わせて煮立たせ、さつまいもを加えて弱火で10分煮る。そのままさまして、レモンを加える。

甘いシロップで煮たさわやかなレモン風味のさつまいもは、おやつのようなうれしさ。さつまいもは面取りするときれいに煮えます。保存容器に入れて冷蔵庫で保存すれば、4～5日いただけます。

ごぼうのきんぴら 和風 保存

[材料] 4人分

ごぼう……1本(150g)
白いりごま……大さじ1
煮汁
　┌ 酒……大さじ2
　│ 砂糖……大さじ1
　│ みりん……小さじ2
　└ しょうゆ……大さじ2と½
ごま油……大さじ2

[作り方]

1. ごぼうは皮を洗い、ピーラーでささがきにして水にさらし、水けをふく。
2. 鍋にごま油を熱して、ごぼうをしんなりするまで炒める。ここに煮汁を加えて、煮汁をからませながら汁けがなくなるまで煮詰める。容器にあけてさまし、いりごまをふる。

煮もの
column

コツはごぼうの水分をふきとることと、ピーラーでささがきにして、味をしみ込みやすくさせること。ごま油の風味を効かせましょう。保存容器に入れて冷蔵庫で保存すれば、4～5日いただけます。

れんこんのきんぴら 和風 保存

[材料] 4人分

れんこん……1節(200g)
粉がつお……適量
煮汁
　酒……大さじ2
　砂糖……大さじ1
　みりん……小さじ1
　しょうゆ……大さじ1と½
サラダ油……大さじ2

[作り方]

1. れんこんは皮をむき、スライサーで薄く切って水にさらし、水けをふく。
2. 鍋にサラダ油を熱して、れんこんをしんなりするまで炒める。ここに煮汁を加えて、煮汁をからませながら汁けがなくなるまで煮詰める。容器にあけてさまし、粉がつおをまぶす。

煮もの column

なるべく味がしみるように、スライサーで薄く切ってみました。粉がつおは、フレッシュパックをもんで細かくするといいですよ。保存容器に入れて冷蔵庫で保存すれば、4～5日いただけます。

プチトマトのシロップ煮

[材料] 4人分

プチトマト……20個
レモンの輪切り……3枚
煮汁
　水……1カップ
　グラニュー糖……80g

[作り方]

1. プチトマトはヘタを少し切り、サッと熱湯に入れて水にとる。皮をむき、水けをきる。
2. 鍋に煮汁を合わせて煮立たせ、1を加えて弱火で2〜3分煮る。そのまさまして、レモンを加えて混ぜる。

煮もの
column

つるんとしたかわいいトマトが、甘いシロップでデザートに。グラニュー糖でサラッと仕上げましたが、普通の砂糖でもOK。保存容器に入れて冷蔵庫で保存すれば、4〜5日いただけます。

いろいろきのこのコンソメ煮

[材料] 4人分

しめじ……1パック(120g)
えのきたけ……1袋(120g)
なめこ……1袋(100g)
酒……大さじ1
コショウ……少々
煮汁
　水……1カップ
　コンソメスープの素
　　……1個
　みりん……小さじ2
　薄口しょうゆ
　　……小さじ2

[作り方]

1. しめじは石づきをとって小房に分け、えのきたけは根元を切って半分に切る。なめこはサッと水で洗う。これを鍋に入れて酒をふり、軽くいるように炒める。
2. きのこがしんなりしたら煮汁を加え、汁けがなくなるまで煮詰める。最後にコショウをふり、容器にあけてさます。

きのこを3種合わせましたが、ひとつだけでもコンソメの風味とコクでおいしいもの。ごはん、うどん、そば、パスタのトッピングにどうぞ。保存容器に入れて冷蔵庫で保存すれば、4〜5日OK。

にんじんのバター煮 洋風 保存

[材料] 4人分

にんじん……1本(200g)
煮汁
　┌ バター……20g
　│ 水……¾カップ
　│ 砂糖……大さじ2
　└ 塩……少々

[作り方]

1. にんじんは皮をむいて、一口大の乱切りにする。
2. 鍋に1、煮汁を入れて煮立たせ、弱火にして落としぶたをし、4～5分煮る。容器にあけてさます。

煮もの
column

にんじんからふわっと広がるバターの香りと甘さが、メインのおかずをよりおいしくします。肉料理のつけ合わせに。保存容器に入れて冷蔵庫で保存すれば、4～5日いただけます。

にんじんの梅煮

[材料] 4人分

にんじん……1本(200g)
梅干し……1個
煮汁
　だし汁……1カップ
　砂糖……大さじ1
　しょうゆ……大さじ½

[作り方]

1. にんじんは皮をむいて、1cm厚さの輪切りにし、サッとゆでる。
2. 鍋に煮汁を合わせて煮立たせ、1、梅干しを加えて弱火で5分煮る。容器にあけてさます。

煮もの
column

「にんじんは腐りやすいので梅干しと煮る」と、昔から言われている古いレシピ。保存性を高めるための知恵だったのですね。保存容器に入れて冷蔵庫で保存すれば、4〜5日いただけます。

煮なます 和風 保存

[材料] 4人分

大根……¼本(200g)
にんじん……⅕本
きくらげ……5g
油揚げ……1枚
ゆずの皮……¼個分
煮汁
　酢……½カップ
　砂糖……大さじ2
　薄口しょうゆ……小さじ1
　塩……少々
サラダ油……大さじ2

[作り方]

1. 大根、にんじんは短冊切りにする。きくらげは水でもどし、せん切りにする。油揚げは湯で軽くもんで水けを絞り、縦半分に切って細切りする。
2. 鍋にサラダ油を熱して1を炒め、野菜がしんなりしてきたら、煮汁を加えて20〜30秒煮る。容器にあけてさまし、ゆずの皮のせん切りを混ぜる。

煮もの column

ひとつの鍋で材料全部を一気に煮上げることができる、簡単なます。酸味がとってもおだやかな、おもてなしにもなる一品です。保存容器に入れて冷蔵庫で保存すれば、4〜5日いただけます。

キャベツのさっぱりポン酢煮 和風 保存

[材料] 2〜3人分

キャベツ……¼個(260g)
にんにくのすりおろし
　　……小さじ1
糸がつお……適量
煮汁
┌ ポン酢じょうゆ
│　　……¼カップ
│ 水……¼カップ
│ みりん……小さじ2
└ コショウ……少々

[作り方]

1. キャベツはざく切りにしてサッとゆで、ざるに上げる。
2. 鍋に煮汁を合わせて煮立たせ、にんにく、1を加えて30〜40秒煮る。容器にあけてさまし、器に盛って糸がつおをのせる。

煮もの
column

ポン酢じょうゆの酸味が食欲をそそる、浅漬けっぽい煮ものです。献立のアクセントになるので、覚えておくと便利。保存容器に入れて冷蔵庫で保存すれば、4〜5日いただけます。

四章
魚の煮もの

ベーシックな煮ものはもちろん、
炒めたり、揚げたりしてから煮る
コク&うまみがたまらないものまで、
バリエーション豊かにお届けします。
これで魚のレパートリーが広がって、
毎日でも献立に仲間入り。
新鮮な魚を見つけたら、すぐにどうぞ。

金目だいの煮つけ
▶P110

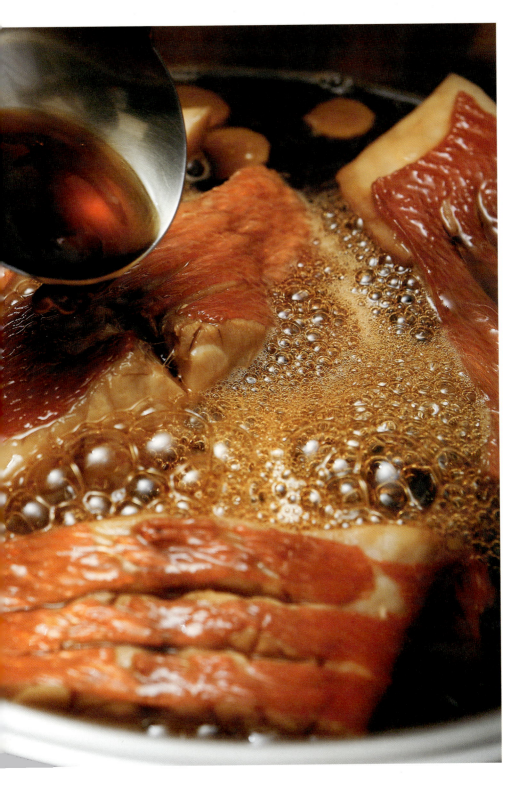

いわしの梅煮　和風

[材料] 4人分

いわし……大8尾
梅干し……2個
あられ……適量
煮汁
　水……2と½カップ
　酒……¾カップ
　酢……¼カップ
　氷砂糖……70g
　しょうゆ……大さじ4と½

[作り方]

1. いわしは頭と内臓、尾をとって水洗いし、半分に切る。
2. 鍋に1、煮汁の水、酒、酢を入れて煮立たせ、落としぶたをして、アクをとりながら弱火で30分煮る。
3. 2に氷砂糖、梅干しを加えて10分煮、さらにしょうゆを加えて弱火で30分、煮汁が少なくなるまで煮る。器に盛って、あられを散らす。

煮もの
column

梅干しと酢で身がふわっと仕上がり、魚の臭みも気にならなくなります。普通の砂糖でもいいですが、氷砂糖で煮るとさっぱりして甘さがソフトに。夏は梅干し、冬はしょうが、一年じゅうどうぞ。

豆あじの酢じょうゆ煮

[材料] 4人分

豆あじ……12尾
小麦粉……適量
玉ねぎ……½個
赤唐辛子……2本
しょうが……1かけ
煮汁
　┌ 水……½カップ
　│ 酢……½カップ
　│ 砂糖……大さじ2
　│ しょうゆ……大さじ2
　└ 塩……少々
揚げ油……適量

[作り方]

1. 豆あじはエラ、内臓、ゼイゴをとり、小麦粉をまぶして、165度の油でこんがりと揚げる。
2. 玉ねぎは薄切りにし、赤唐辛子は種をとって半分に切る。しょうがはせん切りにする。
3. 鍋に煮汁を合わせて煮立たせ、2を加えて軽く煮、1を加えて弱火で5分煮る。容器にあけてさます。

煮もの column

豆あじはこんがりと色づくまで揚げると、骨までカリッと食べられて香ばしいですよ。酢のツンとした酸味は煮ることでやわらぎます。保存容器に入れて冷蔵庫で保存すれば、3～4日いただけます。

さばのおろし煮 [和風]

[材料] 4人分

さば……4切れ
小麦粉……適量
大根おろし……300g
わけぎ……2本
一味唐辛子……少々
煮汁
　┌ だし汁
　│　……1と½カップ
　│ みりん……大さじ2
　│ 砂糖……大さじ2
　└ しょうゆ……大さじ4
揚げ油……適量

[作り方]

1. さばは食べやすい大きさに切り、小麦粉をまぶして、165度の油でこんがりと揚げる。
2. 大根おろしは余分な水分をきり、わけぎはぶつ切りにする。
3. 鍋に煮汁を合わせて煮立たせ、1を加えて2～3分煮る。2も加えてサッと煮、器に盛って一味唐辛子をふる。

煮もの column

代表的なさば料理の一品。さばの上に大根おろしを広げ、おおうようにして煮るとさばが煮くずれしないで、上手に煮上がります。大根の効果で消化を促す、体にやさしいおかずです。

揚げかじきのケチャップ煮 中華風

[材料] 4人分

- かじき……2切れ
- しょうが汁……大さじ1
- 生しいたけ……4個
- にんじん……¼本
- 小麦粉……適量
- 煮汁
  - 水……1カップ
  - 鶏ガラスープの素……大さじ1
  - トマトケチャップ……½カップ
  - 砂糖・酢・酒……各大さじ1
- 揚げ油……適量
- サラダ油……大さじ1

[作り方]

1. かじきは一口大に切り、しょうが汁、酒・塩各少々（分量外）をふって10分置く。生しいたけは石づきをとって4つに切り、にんじんは乱切りにする。
2. 鍋に揚げ油を165度に熱し、小麦粉をまぶしたかじきを揚げる。続いて生しいたけ、にんじんを素揚げにする。
3. 別の鍋にサラダ油を入れて火にかけ、煮汁を入れて煮立たせ、2を加えて1～2分煮る。

煮もの column

揚げたかじきがお肉のようなので、魚嫌いな子供でも大好きなケチャップ味につられて、ペロッと食べられます。赤唐辛子の種をとって一緒に煮込むと、ピリッと大人向きの味わいになります。

金目だいの煮つけ　和風

[材料] 4人分

金目だい……4切れ
チンゲンサイ……2株
しょうが……2かけ
煮汁
　水……1カップ
　酒……1カップ
　みりん……¾カップ
　砂糖……大さじ3
　しょうゆ……½カップ

[作り方]

1. 金目だいは皮目に切り込みを入れ、サッと熱湯に通して水にとり、ウロコや汚れを取り除いて水けをふく。
2. チンゲンサイは長いまま2～4つ割りにし、塩ゆでする。しょうが1かけは薄切りに、もう1かけはせん切りにする。
3. 鍋に煮汁を合わせて煮立たせ、薄切りのしょうが、1を加えて紙ぶたをし、強めの中火で5～6分煮る。さらに煮汁をかけながら5～6分煮、器に盛ってチンゲンサイを添え、しょうがのせん切りを飾る。

煮もの column

煮つけは、たっぷりの汁で煮上げる料理。魚を煮汁につけながらいただくので、中まで味がしみてなくても大丈夫。おいしい煮汁は捨てずに、豆腐やこんにゃく、ごぼうを煮てくださいね。

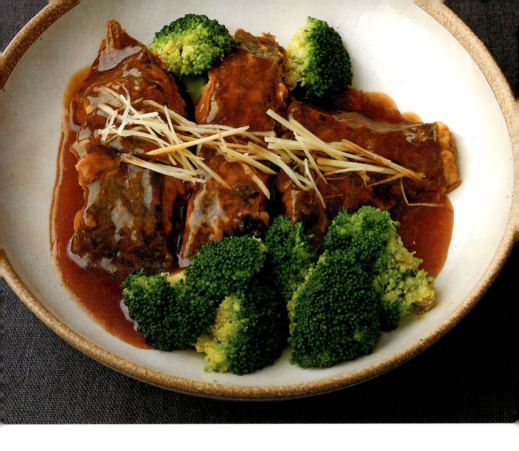

かれいの豆板醤煮 中華風

[材料] 4人分

かれい……4切れ
小麦粉……適量
ブロッコリー……½株
しょうが……1かけ
水溶き片栗粉……大さじ1
A［ しょうがのみじん切り
　　　……大さじ½
　　豆板醤……大さじ1 ］
煮汁
　［ 水……1カップ
　　酒……½カップ
　　砂糖・しょうゆ
　　　……各大さじ4 ］
揚げ油……各適量
サラダ油……大さじ1

[作り方]

1. かれいは皮目に切り込みを入れ、小麦粉をまぶして、165度の油でじっくりと揚げる。
2. ブロッコリーは小房に分けて塩ゆでし、しょうがはせん切りにする。
3. 鍋にサラダ油を熱してAを炒め、煮汁を加える。煮立ったら1を加えて4〜5分煮、水溶き片栗粉でとろみをつける。器に盛って、ブロッコリー、しょうがを飾る。

煮もの column

かれいがおいしい晩秋になったら、ぜひ作りたい煮もの。淡泊な白身の魚に、豆板醤のピリッとした刺激がよく合います。前日にかれいを揚げておけば、きょうの夕食に間に合いますよ。

さんまの揚げ煮 和風

[材料] 4人分

さんま……4尾
生しいたけ……4個
ししとう……8本
小麦粉……適量
煮汁
　だし汁……¾カップ
　砂糖……大さじ1と½
　みりん……大さじ½
　しょうゆ……大さじ2
揚げ油……適量

[作り方]

1. さんまは下処理したものを使い、皮目に切り込みを入れて、3等分に切る。生しいたけは石づきをとって半分に切り、ししとうは穴をあける。
2. 鍋に揚げ油を165度に熱して、小麦粉をまぶしたさんまをこんがり揚げ、続いて生しいたけ、ししとうを素揚げにする。
3. 鍋に煮汁を合わせて煮立たせ、さんまを加えて4〜5分煮る。しいたけ、ししとうも加えてサッと煮る。

煮もの column

さんまは塩焼きだけ、と思っている人はこれを！ 小麦粉をつけて揚げたさんまの香ばしさとコクが煮汁にじわじわしみて、滋味深い甘辛味になるんです。いわし、さばでも同様に作れます。

ねぎま煮 　和風

[材料] 4人分

まぐろ……320g（2さく）
しょうゆ……大さじ2
みりん……大さじ2
長ねぎ……2本
七味唐辛子……少々
煮汁
　┌ だし汁……2カップ
　│ 酒……大さじ2
　│ みりん……¼カップ
　│ 薄口しょうゆ……大さじ3
　└ しょうが汁……小さじ2

[作り方]

1. まぐろは1cm厚さに切り、しょうゆ、みりんをまぶして10分置く。長ねぎは表面に切り込みを入れて、ぶつ切りにする。
2. 鍋に煮汁を合わせて煮立たせ、1を加えて7～8分煮る。器に盛って、七味唐辛子をふる。

煮もの column

まぐろのさっくり感と、シャキシャキねぎの相性がいい、定番の味です。おいしさのポイントは、まぐろに下味をつけておくことにあり！　冷凍のまぐろでも水っぽさがなく、いいお味に。

さけのみそチーズ煮 　洋風

[材料] 4人分

生ざけ……4切れ
塩・コショウ……各少々
れんこん……1節
青じそ……5枚
マヨネーズ……大さじ2
スライスチーズ
　（溶けるタイプ）……4枚
煮汁
　┌ 水……½カップ
　│ 田舎みそ
　│　……大さじ1と½
　│ 砂糖……大さじ½
　└ しょうゆ……小さじ1

[作り方]

1. さけは皮をとって一口大に切り、塩、コショウをふる。れんこんは皮をむいて、薄いいちょう切りにする。青じそはせん切りにする。
2. 鍋にマヨネーズを入れて火にかけ、さけの両面を焼いて取り出す。次にれんこんを炒めてから煮汁を加え、さけを戻し入れて3～4分煮る。
3. ちぎったチーズを加えて溶けるまで火を通し、器に盛って青じそをあしらう。

煮もの
column

マヨネーズの酸味が効いた香りに思わずおなかがグ〜。さけとよく合う田舎みそにチーズをプラスして、コクたっぷりに仕上げました。幅広い年代層に好まれるので、家族から歓声が上がりそう。

ぶりの粕煮 和風

[材料] 4人分

ぶり……4切れ
しょうが……1かけ
細ねぎ……4本
酒粕……150g
湯……¾カップ
田舎みそ……50g
一味唐辛子……少々
煮汁
　水……1カップ
　砂糖……大さじ2
　しょうゆ……大さじ1

[作り方]

1. ぶりは食べやすい大きさに切り、サッと熱湯に通して水にとり、水けをきる。しょうがはせん切りにし、細ねぎは小口切りにする。
2. ボウルにちぎった酒粕、湯を入れて粕をやわらかくし、田舎みそを加えてよく混ぜる。
3. 鍋に煮汁を合わせて煮立たせ、ぶり、しょうがを加えて軽く煮、アクをとって4～5分煮る。さらに2を加えて、煮汁が半量になるまで弱火で煮る。器に盛って細ねぎ、一味唐辛子を散らす。

煮もの column

煮もので酒粕を使うことはあまりないと思いますが、これはクセのあるぶりとよく合うんです。ぶりに酒粕とみそをたっぷりからめながら煮ると、体の中からポカポカ温まる一品が完成。

ぶり大根 和風

[材料] 4人分

ぶり……4切れ
大根……½本
しょうが……1かけ
ゆずの皮……¼個分
煮汁
　水……2カップ
　酒……½カップ
　砂糖……大さじ3
　みりん……大さじ2
　しょうゆ……¼カップ

[作り方]

1. ぶりは食べやすい大きさに切る。
2. 大根は2cm厚さの半月切りにし、面取りして、片面に隠し包丁を深めに入れる。しょうがは薄切りにし、ゆずの皮はせん切りにする。
3. 鍋に湯を沸かし、ぶりをサッとくぐらせる。冷水にとってウロコや汚れをとり、水けをふく。
4. 別の鍋にぶり、大根を入れて、煮汁の水、酒、しょうがを加えて煮立たせる。アクをとって砂糖、みりんを加え、紙ぶたをして弱めの中火で10分煮る。
5. さらにしょうゆを加えて5〜6分煮、煮汁が少なくなったら、汁をかけながら照りよく仕上げる。器に盛って、ゆずの皮を散らす。

ぶりは表面が白っぽくなる程度にサッと熱湯に通し、玉じゃくしなどで引き上げる。これを「霜降り」といい、表面の汚れなどをとりやすくする。

冷水を用意しておき、引き上げたぶりをすぐにつけて、余熱で中まで火が通らないようにする。余分なウロコなども水の中で洗いとる。

煮もの column

寒くなってくるとおいしくなる「ぶり」「大根」「ゆず」。これを"冬の出会い"といい、昔からぶり大根として食べられてきました。ぶりは下ごしらえをちゃんとしておけば、臭みがなく作れます。

いか大根のワタ煮 和風

[材料] 4人分

いか……1ぱい（250g）
大根……½本
しょうが……1かけ
煮汁
　だし汁……1と½カップ
　酒……¼カップ
　みりん……大さじ2
　砂糖……大さじ1
　薄口しょうゆ……大さじ2
　しょうゆ……大さじ2
サラダ油……大さじ1

[作り方]

1. いかは下処理し、胴は皮つきのまま1cm幅の輪切りに、足は3〜4本に切り分ける。ワタは適当な大きさに切る。
2. 大根は大きめの乱切りにし、しょうがはせん切りにする。
3. 鍋にサラダ油を熱して、しょうが、いかのワタを炒め、残りのいか、大根を加えて炒め合わせる。ここに煮汁を加え、アクをとりながら弱火で15分煮る。

煮もの
column

新鮮ないかが手に入ったら、ワタも一緒に煮てみてください。最初にサッと炒めてワタの香りを引き出すと、ひと味こっくりしたいか大根になります。ビールや日本酒のつまみにもぴったり。

いかのトマト煮 洋風

[材料] 4〜5人分

いか……2はい(500g)
玉ねぎ……½個
にんにく……1片
酒……大さじ2
トマト水煮缶……大1缶
ローリエ……1枚
砂糖……大さじ1と½
塩・コショウ……各少々
オリーブオイル
　　……大さじ2

[作り方]

1. いかは下処理し、胴は皮つきのまま2cm幅の輪切りに、足は3〜4本に切り分ける。玉ねぎとにんにくはみじん切りにする。
2. 鍋にオリーブオイル、玉ねぎ、にんにくを入れ火にかけ、香りが出るまで炒める。いかを加えて炒め合わせ、酒を加えて蒸し煮にする。
3. 2にトマトの水煮を缶汁ごと、ローリエ、砂糖を加えて弱火で20分煮る。煮汁が少なくなったら、塩、コショウで味を調える。

煮もの
column

いかは皮をつけたまま煮ると煮汁の色が濃くなって、風味とうまみが深まります。どんないかでもおいしく作れます。今夜のおかずにさっそくどうぞ。

ごろっといかの八宝煮 中華風

[材料] 4人分

もんごういかの上身
　……200g
塩……少々
酒……大さじ1
片栗粉……小さじ1
白菜……2枚
ゆでたけのこ……小2個
にんじん……1/5本
干ししいたけ……4枚
しょうが……1/2かけ
わけぎ……2本
ゆでうずら卵……8個
煮汁
　┌ 水……3/4カップ
　│ 鶏ガラスープの素……大さじ1
　│ 酒……大さじ2
　│ 砂糖……大さじ2
　│ 塩……小さじ1/2
　│ ごま油……小さじ1
　└ 片栗粉……小さじ1
サラダ油……大さじ2

[作り方]

1. いかの上身は皮をむき、表面に斜めに浅く切り込みを入れて、そぎ切りにする。塩、酒をかけて片栗粉をまぶし、熱湯でサッとゆでてざるに上げる。
2. 白菜は芯の部分は5mm幅に切り、葉はざく切りにする。ゆでたけのこ、にんじんは短冊切りにし、干ししいたけは水でもどして斜め薄切りにする。しょうがは薄切りに、わけぎは2cm長さに切る。
3. ボウルに煮汁を合わせて、よく混ぜておく。
4. 鍋にサラダ油を熱して2を炒め、全体に油がまわったら、3をもう一度よく混ぜてからまわし入れる。
5. うずら卵も加えて混ぜながら煮、野菜がやわらかくなったら1を加え、サッと煮上げる。

野菜類としいたけは、すべて一緒に油で炒める。油が全体にまわるまで炒めると味がしみる。

煮汁がとろっとしてきたら、最後にいかを加える。これでいかが堅くならない。

煮もの column

八宝煮はいかが主役なので、身が厚いもんごういかを使うとやわらかく、ボリューム感も出ます。最初にいかをサッとゆでておき、仕上げに加えることで歯ごたえがソフトに作れます。

えびとなすの辛子みそ煮　和風

[材料] 4人分

えび……大4尾
なす……4個
さやいんげん……8本
白いりごま……大さじ1
煮汁
 ┌ だし汁……大さじ4
 │ 田舎みそ……大さじ4
 │ みりん……大さじ2
 │ 砂糖……大さじ1
 └ 練りがらし……大さじ1
サラダ油……大さじ2

[作り方]

1. えびは殻をむいて背ワタをとり、サッと塩水で洗って半分に切る。
2. なすは乱切りにして水にさらす。さやいんげんは3cm長さに切ってサッと塩ゆでし、冷水にとる。ともに水けをきっておく。
3. 鍋にサラダ油を熱して、なすをしんなりするまで炒め、えびを炒め合わせる。油がまわったら煮汁を加え、じっくりと汁を含ませながら煮る。仕上げにいりごまを混ぜ、器に盛ってさやいんげんを飾る。

煮もの
column

なすと相性のいい油を多めに使って炒め、甘みそ味にこっくり煮ました。練りがらしの刺激がアクセントになっているので、食欲のないときや暑い日におすすめです。

えびと冬瓜の煮もの 和風

[材料] 4人分

えび……大8尾
冬瓜……1/8個
しょうがのすりおろし
　　……1かけ分
水溶き片栗粉……大さじ3
煮汁
  ┌ だし汁……4カップ
  │ 酒……大さじ2
  │ みりん……大さじ2
  │ 薄口しょうゆ
  └ 　　……大さじ2

[作り方]

1. えびは殻をむいて背ワタをとり、サッと塩水で洗って1cmくらいに切る。冬瓜は5cm角に切って皮をむき、15分ほど塩ゆでして水にとる。ともに水けをきっておく。
2. 鍋に煮汁を合わせて火にかけ、冬瓜を加えて煮立たせ、弱火にして15分煮る。
3. 冬瓜は器に盛り、残りの煮汁にえびを加えて火を通し、水溶き片栗粉でとろみをつける。これを冬瓜にかけて、しょうがをのせる。

煮もの
column

ともにあっさり味のえびと冬瓜を、おいしいだし汁でコトコトと。きれいな色が生かせるように薄口しょうゆを使いました。冬瓜が水っぽいので、とろみは強めにするのがポイントです。

えびのチリソース煮 中華風

[材料] 4人分

えび……中400g
長ねぎ……½本
しょうが……1かけ
豆板醤……小さじ1
A ┃卵……1個
　┃片栗粉……大さじ2
煮汁
　┃水……¾カップ
　┃鶏ガラスープの素……大さじ1
　┃トマトケチャップ・酒・酢
　┃　　　　……各大さじ1
　┃砂糖・しょうゆ……各大さじ2
　┃片栗粉……小さじ2
　┃一味唐辛子……少々
揚げ油……適量

[作り方]

1. えびは殻をむいて背ワタをとり、サッと塩水で洗って水けをふき、酒大さじ1、塩・コショウ各少々（ともに分量外）をふる。長ねぎとしょうがはみじん切りにする。
2. ボウルにAを合わせてよく混ぜ、えびにつけて165度の油で揚げる。
3. 鍋にサラダ油大さじ2（分量外）を熱して、長ねぎ、しょうが、豆板醤を炒め、煮汁と2を加えてからめながら煮る。仕上げにごま油小さじ2（分量外）をかける。

煮もの column

おなじみのチリソースですが、煮汁にしょうゆを加えるのがミソ。サラッとして、香ばしさも加わるんです。えびにころもをつけて揚げることで、煮汁がまったりとからみます。

あさりとレタスの蒸し煮　[エスニック]

[材料] 4人分

あさり（殻つき）……500g
レタス……½個
赤唐辛子……適量
酒……½カップ
ナンプラー……少々
サラダ油……大さじ1

[作り方]

1. あさりは殻同士をこすってよく洗う。レタスはざく切りにし、赤唐辛子は種をとって輪切りにする。
2. 鍋にサラダ油を熱してあさりを炒め、酒を加えてふたをし、蒸し煮にする。あさりの口が開いたら、レタス、赤唐辛子、ナンプラーを加えてサッと煮る。

煮もの
column

蒸し煮にするときはお酒をたっぷり入れて、あさりのうまみを引き出します。レタスを加えるとシャキシャキッとさっぱりと仕上がりますが、ねぎでも、にんにくでもOK。

ほたての練りごま煮　和風

[材料] 4人分

ほたて……中12個
青ゆずの皮……少々
水溶き片栗粉……小さじ2
煮汁
　┌ だし汁……1カップ
　│ 白練りごま……大さじ2
　│ みりん……大さじ1
　│ 砂糖……大さじ1
　└ しょうゆ……大さじ2

[作り方]

1. ほたては表面に格子状の切り込みを入れておく。
2. 鍋に煮汁を合わせて煮立たせ、水溶き片栗粉でとろみをつける。ここに1を加えて汁をからませながら煮、器に盛ってすりおろしたゆずの皮を散らす。

煮もの column

練りごまを使った珍しい煮ものです。ほたての淡泊さとこってりした練りごまが、絶妙なおいしさを奏でます。ほたてのほかに、いか、たこ、えびでも同様に作れます。

かきのコショウ煮　洋風

[材料] 3～4人分

かき（加熱用・むき身）
　……300g
片栗粉……適量
粗びき黒コショウ……少々
煮汁
　┌ 水……½カップ
　│ スパークリングワイン
　│ 　……½カップ
　│ みりん……大さじ2
　└ しょうゆ……大さじ2
サラダ油……適量

[作り方]

1. かきはサッと塩水で洗い、水けをふいて片栗粉をまぶす。鍋にサラダ油を少し多めに熱し、かきを揚げ焼きする。
2. 別の鍋に煮汁を合わせて煮立たせ、1を加えてサッと煮る。器に盛って、粗びき黒コショウをふる。

煮もの column

スパークリングワインで煮るのは、ちょっとぜいたくに思われますが、かきのクセがやわらいで、本来のうまみが出るんですよ。コショウを効かせると、ワインのおつまみに。

斉藤辰夫　Tatsuo Saito

日本料理研究家。大阪あべの辻調理師専門学校を卒業後、同校で教職員として日本料理の教授となる。パリ、スイス、ワシントンでも料理に携わる仕事をした国際派の料理家。その後、エコール辻東京で専任教授を務める。
枠にはまらないユニークで新鮮な発想とわかりやすい指導に、幅広い層のファンがたくさん。現在は東京・国立で料理教室"斉藤辰夫料理スタジオ"を開いているほか、テレビや雑誌、講演などで忙しい毎日を送っている。
「NHK WORLD」"DINING WITH THE CHEF"に出演中。
著書に『極うまっ！居酒屋おつまみ』（永岡書店）、『おいしい和食の大事典200』『英訳つき　和食の事典』（ともに成美堂出版）、『全プロセスつき！基本の和食』（主婦と生活社）などがある。

STAFF

アートディレクション	川村哲司（atmosphere ltd.）
デザイン	齋藤麻里子（atmosphere ltd.）
撮影	今清水隆宏
スタイリング	渡邊美穂
校閲	滄流社
DTP	東京カラーフォト・プロセス株式会社
編集・取材	菊池香理

煮もの

著　者	斉藤辰夫
編集人	泊出紀子
発行人	永田智之
発行所	株式会社 主婦と生活社
	〒104-8357　東京都中央区京橋3-5-7
	［編集部］☎03-3563-5321
	［販売部］☎03-3563-5121
	［生産部］☎03-3563-5125
印刷所	共同印刷株式会社
製本所	株式会社若林製本工場

十分に気をつけながら造本していますが、落丁、乱丁本はお取り替えいたします。お買い求めの書店か、小社生産部にお申し出くださいませ。
Ⓡ本書を無断で複写複製（電子化を含む）することは、著作権法上の例外を除き、禁じられています。本書をコピーされる場合は、事前に日本複製権センター（JRRC）の許諾を受けてください。また、本書を代行業者等の第三者に依頼してスキャンやデジタル化をすることは、たとえ個人や家庭内の利用であっても、一切認められておりません。
JRRC［URL］http://www.jrrc.or.jp　［Eメール］jrrc_info@jrrc.or.jp
☎03-3401-2382

©TATSUO SAITO 2015 Printed in Japan

ISBN978-4-391-14625-7